北京理工大学"双一流"建设精品出版工程

24 式太极拳详解

（修订版）

邱慧芳　编著

北京理工大学出版社
BEIJING INSTITUTE OF TECHNOLOGY PRESS

图书在版编目（CIP）数据

24 式太极拳详解 / 邱慧芳编著 . -- 修订版 . -- 北
京：北京理工大学出版社，2023.6
ISBN 978 - 7 - 5763 - 2495 - 2

Ⅰ．①2… Ⅱ．①邱… Ⅲ．①太极拳—图解 Ⅳ．
①G852.11 - 64

中国国家版本馆 CIP 数据核字（2023）第 106786 号

出版发行 / 北京理工大学出版社有限责任公司
社　　　址 / 北京市海淀区中关村南大街 5 号
邮　　　编 / 100081
电　　　话 / （010）68914775（总编室）
　　　　　　（010）82562903（教材售后服务热线）
　　　　　　（010）68944723（其他图书服务热线）
网　　　址 / http：//www.bitpress.com.cn
经　　　销 / 全国各地新华书店
印　　　刷 / 雅迪云印（天津）科技有限公司
开　　　本 / 889 毫米 × 1194 毫米　1/16
印　　　张 / 7　　　　　　　　　　　　　　　责任编辑 / 封　雪
字　　　数 / 150 千字　　　　　　　　　　　文案编辑 / 封　雪
版　　　次 / 2023 年 6 月第 1 版　2023 年 6 月第 1 次印刷　　责任校对 / 周瑞红
定　　　价 / 43.00 元　　　　　　　　　　　责任印制 / 李志强

24 式太极拳所有
动作完整演示

前 言

太极拳是我国传统的健身项目，不仅是一种极佳的技击防身之术，同时还是一种备受人们推崇的保健养生之法，帮助人们提升身体机能，促进身体健康。

24 式太极拳是从杨式太极拳简化而来的。相较于传统的太极拳套路来说，24 式太极拳更简单精练，易于掌握，充分体现了太极拳的运动特点，浓缩了传统太极拳的精华。24 式太极拳按照由简到繁、由易到难的原则进行编排，更加方便掌握，易学易懂。同时，简化的套路更加适合体弱多病者练习。

通过 24 式太极拳松弛流畅的肌肉运动，结合呼吸的导引以及意念的调节，可以增强人体的脏腑功能，促进血液循环，疏通经络，强筋壮骨。因此，对于体质虚弱以及有慢性病的人来说，24 式太极拳是一种很好的保健养生、祛病延寿的锻炼方式，也是大众保健养生的最佳选择。

24 式太极拳是一种既有实际健身效果，又有文化内涵的运动方式。它不仅是一种健身活动，也是一种文化传承，在中华民族传统文化中孕育、产生、发展壮大，深受中国传统文化的影响，深刻凝聚着中国古代哲学智慧，强调道德和哲学的修养，增加对太极拳运动文化内涵的了解有助于提升艺术气质和人文修养。

本书以文字讲解加配图演示的方式，对 24 式太极拳的套路动作，进行了详细的讲解，包括具体的动作步骤、练习口诀、学练要点、易犯错误以及纠正方法等，为广大太极拳爱好者，尤其是初学者提供了很好的学习平台。期望读者通过本书的学习，能够达到身心兼修的效果。

目 录

一、新时代下学校体育的发展

2018 年 9 月 10 日，习近平总书记在全国教育大会上的讲话中提出："培养德智体美劳全面发展的社会主义建设者和接班人。"总书记提出教育要在 6 个方面下功夫，即坚定理想的信念、厚植爱国主义情怀、加强品德修养、增长知识见识、培养奋斗精神、增强综合素质。中国的教育会面对世界百年未有之大变局，而这 6 个方面的素质正是我们应对世界百年未有的大变局所必须具备的。

二、中华"武德"修养

中华武术，源远流长，是中华民族在长期生活与斗争实践中逐步积累和发展起来的一项宝贵文化遗产。练武先习德，习武者不断从优秀的中华传统文化中汲取营养和智慧，逐步形成传统的道德准则，对培养有理想、有道德、有纪律、有文化的武术人才具有重要的现实意义。

武德修养体现在三个方面：

①武德高尚：爱国主义教育是学校体育中

非常重要的内容，无论是过去还是现在，爱国主义都是凝聚民族精神的一面旗帜。中华民族的历史证明，一切具有高尚武德的人，必然是爱国主义者，如明代爱国将领戚继光，清代武术者抗击八国联军，近代无数武林志士投身到抗日战争中，而当代更是有一批批的年轻军人，将青春放在训练场，挥洒汗水，只为保家卫国。这都能体现出把热爱祖国、保卫祖国作为自己尚武崇德的最高准则。

一个武德高尚的习武者同时还要修身养性固根基。修养，从广义上讲，包括政治思想、道德品质和知识技能等，武术修养的任务主要是对武德原则、规范的认识和体验，形成内在的武术信念，并转化为习武者符合现实社会道德风尚的品格德行。修养德行比具体的技能、功法修炼更加重要、严格，要想"德""艺"高水平、有所作为，必须做到"慎独"，贵在自觉、自修、自律。

②武礼谦和：在武术课上老师教的第一个动作便是"抱拳礼"。从武术礼节中我们能体现出尊师爱生的意义。拳谚说："尊师要像长流水，爱徒要像鸟哺雏。"就是说，老师不仅在课堂上要尽心尽力，在平时生活做人上，也应无微不至地关心他人。生徒尊师，也同样要求学道要诚心诚意，始终如一。师生之间团结和谐，互

敬互爱，教学相长，双方共勉。

尊师爱生方面时常教育要武风正派，武风是武德教育的重要组成部分。"师者，传道授业解惑也。"所以为人师表，以身作则，是中国历代传统师德之一，俗话说"其身正，不令而行；其身不正，强令不从"。可见身教重于言教。新时代的武术行为准则无论是在教学训练课堂上，还是在表演竞技场上，都要做到言行举止端庄、待人处事热情诚实、谦恭大方、和蔼可亲等，倡导将大家的爱国热情、智慧和力量，凝聚在集体中，凝聚在新时代的社会主义核心价值观中。

③武技精湛：武技精湛是习武者在武术事业上高尚武德的具体反映，也是从武者敬业精神的表现。武术是人的智慧、思想在身体力行中的表现。前人云："欲学惊人艺，须下苦功夫"，"台上一分钟，台下百日功"，武术讲究"冬练三九，夏练三伏"。习武者不但要练出一个适应各种恶劣环境的强健体魄，还要练出坚强的意志品质，这也是最重要、最基本的素质。武术对中华民族的繁衍起了重大的作用，为保家卫国和中华民族的独立立下了功勋。武术是中华民族的一项宝贵文化遗产，内容丰富多彩，形式各异，风格独特，具有强身健体、防卫自卫、锻炼意志、陶冶性情、竞技比赛、娱乐观赏、

交流技艺、增进友谊的功能，是一项具有广泛社会价值和民族文化特色的中国体育项目。

三、太极拳的整体育人

太极拳是中华民族的优秀文化遗产，它根植于中华文化的沃土，蕴含着深刻的哲理，展现着中国人独特的思维方式、价值取向、人生观和宇宙观，并具有丰富的技术体系和博大的文化内涵。太极拳除了具有体育功能以外，还有很高的文化性。在育人方面有其独到的特点。

1. 太极拳的技术育人

太极拳技术中有很多内容蕴含了丰富的哲学理论。例如"立身中正，不偏不倚"，从技术上来说，是指在练拳的过程中，身体要中正，不能出现前俯后仰、左右歪斜的动作。而从思想上可以体会为做人要诚实正直，要有自己独立的思想和人格，坚持自己的原则，不偏向任何一方，不依靠任何一处。"立身中正，不偏不倚"两者之间互为因果，因思而异。再如练拳中要求每个动作不可过，也不可不达，在基础技术学习中，例如：弓步，前腿膝关节不可以超过脚尖，超过即为"过"，同时会对膝关节产生伤害。但是如果前弓时膝尖不能和脚面垂直，

则无法练到股四头肌，股四头肌是膝关节的动力系统，膝关节做任何运动都靠它来保护，如果肌肉没有力量，则没有办法完成太极拳大量的屈蹲状态下的动作。而从育人上，我们则可以理解为不过，即做任何事情都应该有一定的度和法，超过了事物的本身尺度，就有可能产生不良的后果；如果不达，则可能是因为没有尽力去完成内容，在困难面前很容易就放弃了。从太极拳的拳谚、拳理等，我们处处都能体会到以拳育人的思想。

2. 太极拳的理论育人

太极文化以"阴阳学说""天人合一"的思想为基础，以太极拳为形式载体，融道德理念、行为规范和价值取向于一体，具有鲜明和谐特色的文化形态和富于哲理的拳学系统知识，对研学传统和修身立德具有极高的价值。通过太极拳的学习，既可以从拳理中明理，又可以从拳理中自觉提高道德素养。太极拳教学中将"武德"作为重要的教学内容，习武先习德。即为崇尚侠义精神和实现高尚的道德规范，要引导学生不断加强自身的修养，培养学生的高尚品德，以及对民族传统的尊重，多做益于国家和社会的事情。

第二章 太极拳的基本技术要求

学习武术和学习舞蹈一样，都要从基本功学起，所谓"磨刀不误砍柴工"。掌握了太极拳的基本技巧，对太极拳的要求有了基本的理解，在之后的习练中，就可以避免一些错误，做到事半功倍。

一、太极拳的身型技术

太极拳的身型是指身体相对静止的形态。

1. 头部

练习太极拳时，对头部姿势的要求是很严格的。有所谓"头顶悬""虚领顶劲"，或"提顶""吊顶"的说法，都是要求练者头向上顶，避免颈部肌肉硬直，更不要东偏西歪或自由摇晃。头颈动作应随着身体位置和方向而变换，与躯干的旋转上下连贯协调一致。面部要自然，

太极拳基本技术

下颌向里收回，口自然合闭，舌上卷舔住上颚，以加强唾液的分泌。眼神要随着身体的转动，注视前手（个别时候看后手）或平视前方，既不可皱眉怒目，也不要随意闭眼或精神涣散。打拳时，神态力求自然，注意力一定要集中，否则会影响锻炼效果。

2. 躯干

首先是胸背：太极拳要领中指出要"含胸拔背"，或者"含蓄在胸，运动在两肩"，意思是说在锻炼过程中要避免胸部外挺，但也不要过分内缩，应顺其自然。"含胸拔背"是互相联系的，背部肌肉随着两臂伸展动作，尽量地舒展开，同时注意胸部肌肉要自然松弛，不可使其紧张，这样胸就有了"含"的意思，背也有"拔"的形式，从而也可免除胸肋间的紧张，呼吸调节也自然了。其次是腰脊：人体在日常

生活中，行、站、坐、卧要保持正确的姿势，腰脊起着主要作用。在练习太极拳的过程中，身体要求端正安舒，不偏不倚，腰部起着重要作用。过去有人说："腰脊为第一之主宰"，又说"刻刻留心在腰间，腹内松静气腾然"，"腰为车轴"，等等，都说明了如果腰部力量中断或在身体的转动中起不了车轴的作用，就不能做到周身完整一气。练习时，无论是进退还是旋转，凡是由虚而逐渐落实的动作，腰部都要有意识地向下松垂，以帮助气的下沉。注意腰腹不可用力前挺，以免影响转换时的灵活性。这样腰部向下松垂，可以增加两腿的力量，使下盘得到稳固，动作既圆活又完整。在配合松腰的要领当中，脊柱骨要根据生理正常姿态竖起，不可因松腰而故意后屈前挺或左右歪斜，以致造成胸肋或腹部肌肉的无谓紧张。通过腰部维持身体的重心，能使动作既轻灵又稳定。可见，腰脊确实是练习太极拳的第一主宰。最后是臀部：练太极拳时要求"垂臀"（或称"敛臀"），这是为了避免臀部凸出而破坏身体的自然形态。练习时，要注意臀部自然下垂，不要左右扭动。在松腰、正脊的要求下，臀部肌肉要有意识地收敛，以维持躯干的正直。总之，垂臀和顶头的要求一样，应用意识调整，不是用力去控制。

3. 上肢

太极拳术语中讲"沉肩垂肘"，就是要求这两个部位的关节放松。肩、肘两个关节是相关联的，能沉肩就能垂肘。运动时应经常注意肩关节松开下沉，并有意识地向外引伸。太极拳对手掌部位的要求是：凡是收掌的动作，手掌应微微含蓄，但又不可软化、飘浮；当手掌

前推时，除了注意沉肩垂肘之外，同时手腕要微向下塌，但不可弯得太死。手法的屈身翻转，要求轻松灵活。出掌要自然，手指要舒展（微屈）。拳要松握，不要太用力。手和肩的动作是完整一致的，如果手过度向前引伸，就容易把手臂伸直，达不到"沉肩垂肘"的要求；而过分地沉肩垂肘，忽略了手的向前引伸，又容易使臂过于弯曲。总之，做动作时，臂部始终要保持一定的弧度，推掌、收掌动作都不要突然断劲，这样才能做到既有节分又能连绵不断，轻而不浮、沉而不僵、灵活自然。

4. 下肢

在练习太极拳的过程中，进退的变换、发劲的根源和周身的稳定，主要在于腿部。因而在锻炼时，要特别注意重心的移动、脚放的位置和腿弯的程度。练拳人常讲："其根在脚，发于腿，主宰于腰，形于手指"，可见腿部动作姿势的好坏、关系着周身姿势的正确与否。

腿部活动时，首先要求胯和膝关节放松，这样可以保证进退灵便。脚的起落，要轻巧灵活；前进时脚跟先着地，后退时脚掌先着地，然后慢慢踏实。初学的人，往往感到顾了手顾不了脚，而且大多数人只是注意了上肢的动作，而忽略了腿脚的动作，以致影响了整个拳架的学习。应充分认识腿脚动作在姿势变换中的重要性，认真学好各种步型步法。在练架子时，必须注意腿部动作的虚实，除"起势""收势"和"十字手"外避免体重同时落在两腿上。所谓腿部动作的虚实，就是体重在右腿则右腿为实，左腿为虚；体重在左腿则左腿为实，右腿为虚。但是为了维持身体的平衡，虚脚还要起着一个支点的作用（如"虚步"的前脚和弓步

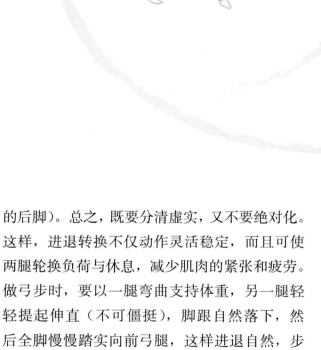

的后脚）。总之，既要分清虚实，又不要绝对化。这样，进退转换不仅动作灵活稳定，而且可使两腿轮换负荷与休息，减少肌肉的紧张和疲劳。做弓步时，要以一腿弯曲支持体重，另一腿轻轻提起伸直（不可僵挺），脚跟自然落下，然后全脚慢慢踏实向前弓腿，这样进退自然，步幅适当。做跟步动作时，脚掌要先着地。蹬脚、分脚动作，宜慢不宜快（个别动作除外），应保持身体平衡稳定。摆脚动作（"摆莲脚"）或拍脚的动作，不可紧张，须根据个人技术情况而

相仿，但在太极拳的练法上，不是随便地把两臂抬起来，而是首先要想着两臂前平举的动作，随之慢慢地把两手臂抬起来；又如做两手向前按出的动作，首先就要有向前推按的想象。意欲沉气，就要有把气沉到腹腔深处的想象。意不停，动作亦随之不停，就好像用一条线把各个动作串联起来一样，犹如珍珠项链，一颗颗珍珠好比一个个动作，而串起珍珠的项链就是这个动作意识，将每一个动作串联起来，每一个动作的结束也就是下一个动作的起势，势势相连，动动相接。总之，练习太极拳从"起势"到"收势"，所有动作都要注意用意识去支配。过去练拳人所说的"神为主帅，身为驱使"，"意动身随"就是这个意思。为了掌握这个要领，就必须注意以下两点：

第一，安静。练拳时从准备姿势开始，首先就要从心理上安静下来，不再思考别的问题，然后按动作的要求检查，头是否正直，躯干和臂是否放松了，呼吸是否自然畅通，当这些都合乎要求时才做以后的动作。这是练拳前一个要紧的准备功夫，这种安静的心情，应贯彻到练习拳套的全部动作中。练拳时，无论动作简单或复杂、姿势高或低，心里始终要保持安静状态，这样才能保持意识集中，精神贯注到每个细小的动作之中，否则就会造成手脚错乱、快慢无序或打错了动作的现象。打太极拳要求"以静御动，虽动犹静""动中求静"。如能做到这些，就不至于引起神经过分紧张以致过度疲劳的现象。

第二，要集中注意力。在心里安静的前提下，还要把注意力放在引导动作和考虑要领上，专心致志地练拳。不要一面打拳，一面东张西望或思考别的事情。初学太极拳的人，很容易

定，手不拍脚也是可以的。

5. 全身整体要求

（1）意识引导动作

人体的任何动作（除反射性动作外），包括各种体育锻炼的动作，都需要经过意识的指挥。练习太极拳的全部过程，也要求用意识（即指想象力）引导动作，把注意力贯注到动作之中去。如做太极拳"起势"两臂徐徐前举的动作，从形象上看和体操中的"两臂前平举"的动作

忘掉这个"用意"的要求。经久练习，就可意动身随，手到劲法，想象力自然地与肢体的活动密切配合。

（2）注意放松、不用拙力

这里所讲的放松，不是全身的松懈疲怠，而是在身体自然活动或稳立的情况下，使某些可能放松的肌肉和关节做到最大限度的放松，做动作时避免使用拙力和僵劲。在练习中，要求人体的脊柱按自然的形态直立起来，使头、躯干、四肢等部分舒松自然地活动。太极拳的姿势要求上体正直安舒，不要前俯后仰或左右偏斜。太极拳所用的力，是维持姿势的正确与稳定而自然的力，有的称它为规矩的力，也有的称它为"劲"。两臂该圆的，就必须做到圆满；腿该屈的，就必须屈到所要求的程度。除按照要求所用的力量之外，其他部位肌肉尽量要放松。当然，初学时比较难掌握"力"的界限，所以首先应注意放松，使身体各个关节都舒展开来，避免紧张，力求圆活；然后由"松"再慢慢地使力量集中起来，达到势势连贯、处处圆活、不僵不周、身体协调的要求。

（3）上下相随、周身协调

太极拳是一种使全身得到全面锻炼的运动项目。有人说，打太极拳时，全身"一动无有不动"；又说，练拳全身"由脚而腿而腰总须完成一气"，这些都是形容"上下相随、周身协调"的。初学太极拳的人，虽然在理论上知道许多动作要以腰部为轴，由躯干带动四肢来进行活动，但因为意念与肢体动作还不能密切配合，想做到周身协调也是有困难的。所以，最好先进行单式练习（如单练"起势""云手"等），以求得躯干与四肢动作的协调，同时也要练习步法（如站虚步、弓步以及移动重心、变换步

法等），以锻炼下肢的支撑力量和熟练掌握步法要领。然后再通过全部动作的连贯练习，逐渐地达到全身既协调又完整，从而使身体各个部位都得到均衡的锻炼与发展。

（4）虚实分明、重心稳定

初步了解了太极拳的姿势动作要领后，就要进一步注意动作的虚实和身体重心问题。因为一个姿势与另一个姿势连接、位置和方向的改变，处处都贯穿着步法的变换和转移重心的活动。在锻炼中也要注意身法和手法的运用，由虚到实或由实到虚，既要分明，又要连贯不停，做到势断意不断，一气呵成。如果虚实变换不清，进退变换一定不灵，就容易产生动作迟滞、重心不稳和左右歪斜的毛病。过去有人说："迈步如猫行，运劲如抽丝"，就是形容练太极拳应当注意脚步轻灵、动作均匀。要做到这一点，首先就应当注意虚实变换得当，使肢体各部分在运动中没有不稳定的现象。假如不能维持身体的平衡稳定，那就根本谈不到动作的轻灵、均匀。太极拳的动作，无论怎样复杂，首先要把自己安排得舒适，这是太极拳"中正安舒"的基本要求。凡是旋转的动作，应先把身体稳住再提脚换步；进退的动作，先落脚而后再慢慢地改变重心。同时，躯体做到了沉肩、松腰、松胯以及手法上的虚实，也会帮助重心的稳定，坚持这样练习，日久天长，动作无论快慢，都不会产生左右摇摆、上重下轻和稳定不住的毛病。

（5）呼吸自然

练太极拳要求呼吸自然，不要因为运动而引起呼吸急促。人们无论做任何体育活动，机体需要的氧都要超过不运动的时候。在练习太极拳时，由于动作轻缓柔和，身体始终保持着

缓和协调，所以增加呼吸深度就可以满足体内对氧的需要，对正常的呼吸影响并不大。初学太极拳的人，首先要注意保持自然呼吸，这就是说，在做动作时，练习者应按照自己的习惯和当时的需要进行呼吸，该呼就呼，该吸就吸，动作和呼吸不要相互约束，不要过于追求每个动作必须配合呼吸，过于强调动作配合呼吸，有可能造成憋气或呼吸不畅的现象，除"起势""收势"可配合呼吸外，其他动作均可自然呼吸。在动作熟练之后，可根据个人锻炼体会的程度，毫不勉强地随着速度的快慢和动作幅度的大小，按照起吸落呼、开吸合呼的要求，使呼吸与动作自然配合。例如："起势"的两臂慢慢前平举时要吸气，而身体下蹲两臂下落时则要呼气。这种呼吸方式是根据胸廓张缩和膈肌活动的变化，在符合动作要求与生理需要的基础上进行的，这样能够提高氧的供给量和加强横膈膜的活动。但是，在做一般起落开合不是很明显的动作或在以不同的速度练习、和不同体质的人练习时，动作与呼吸的配合不能机械地一律勉强要求；否则违反了生理自然规律，不仅得不到好处，反而有可能造成呼吸的不顺畅和动作的不协调。以上要领不是彼此分离，而是相互联系的。如果心里不能"安静"，就不能意识集中和全神贯注，也就难以使意念与动作相结合进行。更达不到连贯和圆活的要求。如果虚实与重心掌握不好，上体过分紧张，也不可能做到动作协调、完整一体，从而呼吸也就谈不上自然了。

二、太极拳的手型与手法

太极拳讲究发力"运之于掌，通之于指"，

太极八法中的掤、捋、挤、按、採、挒都是直接以手完成。在 24 式太极拳中有掌、拳、勾三种主要手型。在太极拳的练习中掌握正确的手型非常重要。正确的手型有助于手臂的骨骼、肌肉处于松沉自然状态，能够因形而变，节节贯穿，助发寸劲，提高技击功夫。人体有 12 条经络汇聚于手，6 条经络起止于手，手部的末梢神经对体内的气血贯注感应敏锐，如练拳时两手感到胀热，说明外形引导内气、经气得以运行，可以畅通经络、调和气血。

1. 手型：掌、拳、勾

（1）掌

掌：五指自然伸直，微微分开，手指向掌心微屈，指肚微向手背撑张，虎口撑圆，掌心向内凹，微微含空，形如荷叶。整个掌型如双手扣于头顶状。

单推掌：手掌从肩上或从胸前向前方推出，手臂由屈至伸，掌心向前，指尖朝上。

（2）拳

拳：四指自然卷曲，拇指扣于食指的第二指节上，拳面要齐平，不可以僵硬，拳中缝隙能容下一根食指。常用的拳有平拳、立拳、冲拳三种。

①平拳：如拳心向下，叫阴平拳；拳心向上，叫阳平拳。

②立拳：拳眼向上，拳心侧向，又叫日字拳。

③冲拳：自腰部以立拳或平拳向前打出，手臂高不过肩，低不过胸，力度直达拳面。冲拳可分为冲立拳和冲平拳。

冲立拳：立拳拳眼向上，拳心侧向，自腰部向前打出。

掌

平拳

立拳

勾

冲平拳：平拳收于腰侧，拳心向上，冲拳时拳面翻转向前打出，拳心向下。

（3）勾

勾：五指指尖自然捏拢，屈腕，五指不可用力，掌心含空。

2. 手法：掤、捋、挤、按、採、挒、肘、靠

24式太极拳的手法是指在打拳过程中，练习者手臂的运动和攻防招法。需要注意的是：各种手法变换都要走弧形路线，同时前臂做相应旋转，不可直来直去，生硬转折。要注意手法与身型、步法的协调配合，做到周身完整一气。肩、肘要松沉，手指要舒展，腕部要松活，既不可紧张僵直，又不可绵软无力。

掤：前臂由下向前上掤架，横于体前，高度不过肩，肘关节要稍低于手，腕关节不要僵硬挺直、软缩无力。手臂保持自然弧形，此法着力点在前臂外侧。

捋：两手斜向相对，随着腰部转动两手由前向侧后方同时划弧，形似捋带。两手应走弧形曲线，不要直抽强拉。

挤：由后手推送前手的前臂内侧，两臂从屈至伸向前挤压。此着力点在前手前臂，挤出后两臂应撑圆，高度皆不过肩。

按：两臂屈置于胸前，两手向后向下收引再向前上方用力推按。推按应走弧形，不要直收直推，此法着力点在两掌，推出时手臂高不过肩，掌心向前，沉腕舒指，指尖向上。

採：以手抓对方手腕或肘部，往下沉採，其效用与捋相似，可在敌重心前倾时，乘机施以採劲使其更向前倾。採时发劲并非在手，如只用手劲採功效小，採时应用腰腿劲，并加以意气。採时自己要保持身体中正，沉腰坐腿，含胸拔背，沉肩垂肘，气沉丹田，眼神下视。以此来破坏对方重心。

挒：一手按住对方的臂，另一手即用手背反挒人之领际使对方后仰跌倒。挒劲要用意由中丹田引气经两肋上达囟门，以手抓截对方反关节横向弹抖。

肘：以肘部前击或用肘部化引的技法。肘为人的二门，较手短，发之得势也较手猛，可直攻人的心窝，可谓毒手。发肘劲时，要肘膝相合，用腰腿劲，再加以意气。肘劲要以意引气由涌泉上行经尾闾、两肋至肩井穴，用肘向外靠击。"肘"是一种集中使用肘部力量的近身击敌之法，并具有较强的杀伤力。在形式上多以爆发劲、短劲等常见。

靠：用肩背撞靠对方，其势比肘更为凌厉。靠劲一般用于己身与敌距离极近，肘被闭而不能发劲时。靠时自己身法要中正，肩与胯合，不能用肩背硬撞敌人，而是在己身与敌皮肤稍有接触之际，用腰腿劲，再加上意气，用周身合一的整劲来撞靠对方。靠为进攻之法，可运用全身各部位发劲，也多用于近距离搏击。

三、太极拳的步型与步法

1. 步型：弓步、虚步、跟步、侧行步

弓步：两脚前后分开站立。前腿屈膝前弓，膝盖不得超过脚尖，脚尖直向前；后腿微屈，脚尖斜向前方45°～60°，两脚全脚掌着地，重心偏于前腿。练习时脚掌不可掀脚拔跟，两脚脚尖要保持10～30厘米的宽度，两脚避免左右交叉。

虚步：两腿均屈膝，两脚跟之间的纵向、横向距离均为5厘米左右。一腿屈蹲，斜前方，

全脚掌着地；另一腿微屈，用前脚掌或脚跟着地。要求分清虚实，上体中正，松膝松胯。

跟步：重心前移，后脚向前跟进半步，前脚掌先着地，随着重心后移，全脚着地。

侧行步：一腿支撑，另一腿提起侧向开步，前脚掌先着地，随着重心偏移，全脚着地逐渐过渡为支撑腿，然后将另一腿提起，向支撑腿内侧并步，仍然是前脚掌先着地，随着重心横移，全脚着地过渡为支撑腿。

2. 步法：上步、退步、交叉步

24式太极拳的步法是指练习者在练拳过程中两脚的移动。要做到虚实分明，轻灵沉稳，两脚轻起轻落，步如猫行，重心稳定，移动腿要屈伸自然灵活。

上步：一腿支撑，另一腿提起向前上步，脚跟先着地，随着重心前移，全脚着地。

退步：一腿支撑，另一腿向后退一步，前脚掌先着地，随着重心后移，全脚着地。

交叉步：预备式并步站立，身体重心右转，右腿继续下蹲，左脚向左开步，同时两掌向右前方推出，目视右前方。上动不停，上体左转，重心移至左腿，屈膝稍蹲，随之右脚向左后方插步、脚前掌着地；接着左脚向左开步，目视左前方，然后接着上势左脚向右后方插步，脚前掌着地。

正面

侧面

弓 步

虚 步

正面

侧面

正面

侧面

跟　步

侧行步

正面

侧面

第三章 24式太极拳

▌ 一、24 式太极拳的形成

1953 年，在新中国的体育运动大会上，太极拳成为大会的主要项目之一，这是太极拳这一历史悠久的中华武术项目在中华人民共和国的体育舞台上的首次亮相。当时，贺龙副总理在谈话中指出："武术是一座宝山，我们要做好三件事。第一要探明和挖掘。第二要淘洗整理，使它更科学、更便于掌握。第三要提高发展，博采众长。"

1954 年，国家体育运动委员会组织设立了武术研究室，制定了"挖掘、整理、研究、提高"的工作方针，决定从太极拳开始，编纂简明统一的教材，在全国普及。委员会邀请各派太极拳名家宗师共同商讨，经过国家体育运动委员会武术处的毛伯浩、李天骥、吴高明等专家多次研究，本着大众健身、易学易记的原则，决议以广泛流传的杨式太极拳为基础，选取其中主要内容，保留太极拳传统风貌，制定一套适合人民群众习练的简化太极拳。

1956 年，由国家主管部门审定的《简化太极拳》武术教材公开出版。由于此套太极拳共有 24 个动作，人们又将它称为"24 式太极拳"。

太极拳是中国传统文化土壤中生长出来的一朵奇葩，不仅因其具有保健、技击、陶冶性情、修养身心等功能，更因其有着深厚的哲学思想渊源而使千百万人对它产生浓厚的兴趣。

24 式太极拳为广大太极拳初学者提供了方便，尤其适合在学校、公园、广场等公共场所开展群众性太极拳活动。如今，24 式太极拳不仅深受中国人喜爱，在国外也得到了广泛认可，备受推崇，向世界展示了中华民族传统武术的魅力。国内外每年都有各个级别的太极拳赛事，吸引了中外无数太极拳爱好者，其中 24 式太极拳为比赛套路之一。

无论是在城市还是乡村，随处可见习练太极拳的人。越来越多的人喜爱太极拳，开始了解太极拳的养生功效，越来越多的人从练习太极拳中收获了安宁与健康。

二、24 式太极拳的特点

中国武术博大精深，太极拳作为中国武术的优秀拳种之一，得以在人民群众中普及且深受人们喜爱。太极拳流派较多，24 式太极拳来源于杨氏太极拳之精华，其主要特点可以概括为以下几点：

①轻松柔和。24 式太极拳架式平和舒展，动作不拘不僵，没有忽起忽落的明显变化和激烈的跳跃动作，适宜不同年龄、性别和体质的人锻炼，尤其对体弱者和慢性病患者，更是一种较好的体育锻炼方式。

②连贯均匀。24 式太极拳动作从"起势"到"收势"，动作的虚实变化和姿势过渡转换，都是紧密衔接、连贯一气的，如行云流水，绵绵不断。

③圆活自然。24 式太极拳的动作以各种弧形、曲线构成，运动时要避免直来直去，要特别注意运用腰脊带动四肢进行活动，以腰为轴运动，才能使手法、步法变转圆活，动作轻灵顺遂。

④协调完整。24 式太极拳运动中，要做到上下相随、内（意识呼吸）外（躯干、四肢动作）一体，身体各部要紧密配合：动作的出发，一动无有不动。这样能直接作用于命门，使人精气充足，增进健康。

三、24 式太极拳与传统流派的关系

24 式太极拳也叫简化太极拳，是国家体育运动委员会从传统杨氏太极拳中选取动作汇编而成的。24 式太极拳浓缩了传统太极拳的精华，相比传统的太极拳套路来讲，其内容精练、动作规范、易学易练，是最简单的大众养生拳，深受广大群众喜爱。

传统太极拳的健身作用被大量实践所验证，但其内涵深奥，拳理、套路、动作都很难，不易学不易记，尤其对于一些中老年人，想要从头学习就更加困难。经过简化的 24 式太极拳，大胆地跨越了传统与现代的时空距离，智慧地诠释了继承与创新的辩证关系，使太极拳得以在群众中普及，突出了太极拳大众健身的功能。

24 式太极拳与传统太极拳的区别主要有以下几点：

①保留了传统套路的主要内容和技术规范，减少了其中的重复动作，内容精简，约为传统套路的四分之一，初学者易学易记。

②套路编排由直进动作开始，继而是后退动作和侧行动作，最后是蹬脚、下势、独立等难度较高的动作，体现了由浅入深、循序渐进的教学原则。

③重点动作增加了左右对称练习，避免了传统套路中只有右揽雀尾、左下势的偏重现象，有利于全面均衡锻炼。

④全部动作出自传统杨氏太极拳，风格鲜明，群众熟悉，动作柔缓舒展，老幼皆宜，易于普及。

⑤练习时间 5 分钟左右，适合大众在晨练和空闲时开展。

四、24 式太极拳教学

1．动作名称

第 1 式：起势

第 2 式：左右野马分鬃

第 3 式：白鹤亮翅

第 4 式：左右搂膝拗步

第 5 式：手挥琵琶

第 6 式：左右倒卷肱

第 7 式：左揽雀尾

第 8 式：右揽雀尾

第 9 式：单鞭

第 10 式：云手

第 11 式：单鞭

第 12 式：高探马

第 13 式：右蹬脚

第 14 式：双峰贯耳

第 15 式：转身左蹬脚

第 16 式：左下势独立

第 17 式：右下势独立

第 18 式：左右穿梭

第 19 式：海底针

第 20 式：闪通臂

第 21 式：转身搬拦锤

第 22 式：如封似闭

第 23 式：十字手

第 24 式：收势

2．动作详解

······················
第1式：起势
······················

步骤一

　　身体自然直立，两脚并拢，头颈端正，下颌内收，胸腹舒松，肩臂松垂，两手轻贴大腿侧；精神集中，呼吸自然；目视前方。

步骤二

　　左脚向左轻轻开步，相距与肩同宽，脚尖向前。

步骤三

　　两手慢慢向前平举，与肩同高，手心向下，两臂相距同肩宽，肘微下垂。

步骤四

　　上体保持正直，两腿缓缓屈膝半蹲；两掌轻轻下按，落于腹前，两肘下垂与两膝相对；眼平看前方。

动作要点

① 通过穴位调节达到与肩同宽。先有意识地想一下左肩井穴与左脚心的涌泉穴，同时调整自己的左脚位置，直到左肩井穴与左脚心的涌泉穴呈垂直状态，再将意识转移到右肩井穴与右脚心的涌泉穴，反复三次，慢慢两脚与两肩就成一条垂直线了。等到练习者的两脚与双肩成垂直线后，松肩坠肘，呼吸自然舒畅，气沉丹田。

② 两手抬起的时候，要以腕为主，要想象似乎手腕被慢慢提起，并和手臂一起缓缓上抬，而不要有手伸出来，带动胳膊的感觉。同时手腕高与肩平。

③ 下蹲时肘先走，按到腹前，下按的同时两腿屈膝下蹲。

易犯错误

下按时力量放在手腕上，容易出现翘腕现象；下蹲时膝尖超出脚尖；屈蹲时有撅臀或挺胯的现象。

教练提示

呼吸是太极拳的重要内容。关于太极拳的呼吸，各家论述不一样，如有的强调"气沉丹田"，有的主张"腹式呼吸"等。但概括起来基本上有两种呼吸方法，一是自然呼吸，二是拳式呼吸。自然呼吸就是不要过分注意呼吸和拳架、动作的配合，在做好拳势动作基础上，呼吸以自然、舒服为宜。长此以往，呼吸自然就和动作配合上了，这实际上是以动作来调节呼吸。这种办法的前提是动作要准确，要合乎规格，要规范，对动作要求比较高。拳势呼吸就是有意识地将呼吸和动作结合起来，呼吸的长短和动作的过程相联系，呼吸的吐纳也和动作的开合曲伸相关联。一般是动作外展为呼，内收为吸；动作沉降为呼，提升为吸；发劲时为呼，蓄劲时为吸。不管哪种呼吸，基本要领都应是细、匀、深、长。不过我们在开始练习太极拳时还是建议以自然呼吸为主，这样避免太过注重呼吸而忽略了动作，同时容易造成憋气的现象。

"丹田"究竟在人体的什么部位？说法不一。一指神阙穴，属任脉，位于脐中。后面正对命门穴（属督脉，腰椎第二棘突之下凹陷处），为一身之中，断脐之所。二指气海穴，属任脉，又名下气海。位于体前正中线上，脐下一寸半处。三指石门穴，属任脉，别名丹田。位于体前正中线上，脐下二寸处。四指关元穴，属任脉，位于体前正中线上，脐下三寸处。

又有人把丹田分为上、中、下三处。上丹田，即印堂穴，位于头部两眉中间。别名有祖窍、玄窍、空窍、根窍、山根、宗根、天根、方寸、元门、众妙门等，它是元"神"出处之所，泥丸脑府的门阙，对人体至关重要。中丹田，即膻中穴，属任脉，又名上气海，为"气"之海。位于体前正中线上，在两乳之间，胸骨中线上，平第四肋间隙。下丹田，位于腹部脐下，泛说有神阙、气海、石门、关元等穴。为蓄"精"之仓。"丹田"还可指意念凝注之处，可以是体内，也可以是体外。最后一种说法，指与练功过程有关的人体任何一处，所谓"处处皆丹田"。如王宗岳在《太极拳论》中所言："虚顶定劲，气沉丹田"，将丹田视为内功练习的重要部位。

太极拳中的"轻"，不能因单纯不用力来解释。轻是相对于重而言的。《太极经》中说："左重则左虚，右重则右虚"，轻就是不能用"爆发力"，其次是避免双重。轻也可作"柔"的解释，"极柔软然后极坚刚"就是说明轻的灵活性。轻也不是松懈，松懈和爆发力均为太极拳大忌。轻是有力不用，所以说"似松非松将展未展"为太极劲。太极拳的动作，手、眼、身法、步法，都介于有力无力之间，呈现将展未展之势，虚实宜分清楚，才能构成"太极劲"。

练习太极拳时，要"静"，即思想要高度集中，不能存有杂念。但是人的思维是复杂的，要使中枢神经高度集中，处于单一的兴奋状态，实在不易。要想使思想集中，最简单的方法就是把注意力集中在如何使自己的动作尽量做得正确上。换句话说，就是动中求静，这样比较容易见效。久而久之，即可由着熟而渐悟懂劲、由懂劲而阶及神明的境界。

第2式：左右野马分鬃

步骤一

　　上身微向左转，身体的重心从两腿中间移到右腿上，同时右臂收回到胸前平屈，手心向下，左手则在体前向右下方划弧至右手下方，手心向上，两手手心相对呈抱球状；左脚跟着收到右脚内侧，脚尖点地；眼看前方。

步骤二

　　上身继续微向左转，左脚向左前方迈出，右脚跟后蹬，右腿自然伸直，成左弓步；随着身体转动，左右手慢慢分别向左上方、右下方分开。左手高度大约与眼部相平，手心斜向上方，左肘微微弯曲；右手则落在右胯旁边，肘部也微屈，手心向下，指尖向前，眼看左手。

步骤三

　　上身慢慢后坐，身体的重心移到右腿，左脚尖翘起，微向外撇，为 45°～60° 角，随后左脚掌慢慢踏实，左腿慢慢向前弓，身体向左转，身体的重心再移到左腿上；同时左手翻转向下，左臂收到胸前，呈平屈状，右手向左上划弧至左手下方，手心向上，两手手心相对呈抱球状；右脚随即收到左脚内侧，脚尖点地，眼看左手前方。

步骤四

　　右腿向右前方迈出，左腿自然伸直，成右弓步；同时上身右转，随着身体转动，左右手慢慢分别向左下方、右上方分开。右手高度约与眼部相平，手心斜向上方，右肘微微弯曲；左手则落在左胯旁边，肘部也微屈，手心向下，指尖向前，眼看右手前方。

步骤五

　　上身慢慢后坐，身体的重心移到左腿，右脚尖翘起，微向外撇，随后右脚掌慢慢踏实，右腿慢慢向前弓，身体向右转，身体的重心再移到右腿上；同时右手翻转向下，右臂收到胸前，呈平屈状，左手向右上划弧至右手下方，手心向上，两手手心相对呈抱球状；左脚随即收到右脚内侧，脚尖点地，眼看右手前方。

步骤六

　　左腿向左前方迈出，右腿自然伸直，成左弓步；同时上身左转，随着身体转动，左右手慢慢分别向右下方、左上方分开。左手高度约与眼部相平，手心斜向上方，左肘微微弯曲；右手则落在右胯旁边，肘部也微屈，手心向下，指尖向前，眼看左手前方。

易犯错误

　　① 回坐时容易出现跪膝现象；
　　② 手脚的配合不是协调一致的。

动作要点

① "野马分鬃"式的弓步，前后脚的脚跟要分在中轴线的两侧，前后脚之间的横向距离应该保持在 10 ～ 30 厘米。以动作进行的中线为纵轴，中线两侧的垂直距离称为横向。

② 回坐时膝尖和脚尖尽量相对。

③ 摆脚转腰时腰的幅度不可太小，以转腰带动后脚前迈。

④ 抱球上步时身体保持斜向，但出脚是向前方，即：身斜脚正。

⑤ 重心前移同时两手随转腰分开。

教练提示

"野马分鬃"的动作最容易出现的错误就是跪膝现象，这个动作长时间出现会使膝关节有不适感。上步时身体是斜对前方45°或60°左右，保持身斜的状态进而上步，这时候膝关节和脚尖始终处于一个方向，重心缓慢前移时转腰分手。

练太极拳要慢，但不是停顿，在慢的过程中保持动作的准确性，体会重心的变化，慢是相对快而言的。慢的原则是要求"贯穿"，不能有断续。《太极经》中说："动急则急应，动缓则缓随。"所以练太极拳时，要求动作前后衔接，使全套动作连绵不断，节节贯穿，动作之间不能有意拖延。一般来说，打一套24式太极拳的时间一般在5～6分钟即可，也有部分腿部力量和耐力极好的练习者可打到7～9分钟。一套传统的老架太极拳应控制在25～30分钟为宜。锻炼有素的人，每次打完整套拳的时间应基本相同。

太极拳要求立身中正、提顶吊裆、含胸拔背、空胸实腹。但初学者由于理解的与实际水平相去甚远，同时身体肌肉感觉及控制能力较差，尤其是背部的竖脊肌、腰方肌、臀大肌等肌肉力量尚小，往往会出现低头猫腰、驼背等错误。

纠正方法如下：

增强腿部力量：首先加强基本功的训练，多练习前进步、后退步、侧行步，可以上肢无动作，注意力放在腿、腰、胯上，每次一种步法练习10分钟以上为一组，练习一至两组，开始可以高姿势练习，随着腿部力量的增加继而可以逐渐降低功架。

增强腰肌力量：两手扶丹田的升降练习，可想象头顶着一碗水进行练习，注意要空胸实腹、意守丹田、逆式呼吸，动作要缓慢、均匀；两手扶丹田，命门后撑，两肘稍外张，想象两肩与两髋关节构成的圆柱体做左右旋转练习。

白鹤亮翅

步骤一

上身微微向左转，左手翻掌向下，左臂平屈于胸前，右手向左上方划弧，手心转向上方，与左手呈抱球状，眼看左手，同时右脚跟进半步。

步骤二

上身向后坐，身体的重心移至右腿，上身先向右转，面向右前方，眼看右手；然后左脚稍向前方移动，脚尖点地，成左虚步，同时上身再微向左转，面向前方，两手则随着身体转动慢慢向右上、左下方分开，右手上提，停于右额前方，手心朝向左侧方，左手则落于左胯前，手心向下，指尖向前，双眼平视前方。

动作要点

① 完成此动作时，胸部不能过于挺出，两臂要保持呈半圆形状。

② 跟步时，两脚距离不可过宽或过窄，以一脚为限，左膝微屈，身体重心的后移和右手上提、左手下按的动作要协调一致。

易犯错误

落右脚时脚尖没有内扣；重心前移后，腰部过早左转；定势双手没有做到"上掤下採"。

教练提示

在太极拳的练习中要把握好开合关系，需注意以下四点：

① 欲开先合，欲合先开，即逢开必合，逢合必开。

② 开合相寓，即开中有合，合中有开。如"白鹤亮翅"定势，双臂展开而两足相合、足合而膝裆开，两臂开而两手相合。而且先是两手虎口相合，最后又变作两手掌根相合。

③ 掌握处处都有一个开合，例如胸开背合、背开胸含。就是一只手中也有开合，如大小鱼际合、拇指与小指合等。

④ 要讲求外形开合与丹田开合相配合，动作开合与内呼吸开合相配合，从而做到内气鼓荡，外形饱满。不仅要求手与手合、手与脚合、肘与膝合等，而且要求有时左肘与右膝合、右肘与左膝合等，要求把周身的劲合到一个着力点上，合到对方的重心线上。开也是为了合，欲发劲，必先求劲合。"引进落空合即出"，就是强调一个合字。

左右搂膝拗步

步骤一

　　右手从身体前方下落，由下向后上方划弧至右肩外，右手与耳部同高，手心斜向上方；左手由左下向上、向右划弧至右胸前，手心斜向下方；与此同时，上身先微微向左再向右转；左脚收回至右脚内侧，脚尖点地，眼看右手。

步骤二

　　上身向左转，左脚向前迈出成左弓步；同时右手屈回，由耳侧向前推出，右手高度约与鼻尖相平，左手向下，由左膝前搂过，落于左胯旁，指尖向前；眼看右手手指。

步骤三

　　右腿缓慢屈膝，上身向后坐，身体重心移到右腿，左脚尖翘起微向外撇，随后脚掌慢慢踏实，左腿向前弓，身体向左转，身体重心移到左腿，右脚收到左脚内侧，脚尖点地；同时左手向外翻掌，由左后方向上划弧至左肩外侧，左肘微屈，左手与耳部同高，手心斜向上方；右手则随身体转动向上、向左下划弧，落于左胸前，手心斜向下方；眼看左手。

步骤四

　　上身向右转，右脚向前迈出成右弓步；同时左手屈回，由耳侧向前推出，左手高度约与鼻尖相平，右手向下，由右膝前搂过，落于右胯旁，指尖向前；眼看左手手指。

步骤五

左腿缓慢屈膝，上身向后坐，身体重心移到左腿，右脚尖翘起微向外撇，随后脚掌慢慢踏实，右腿向前弓，身体向右转，身体重心移到右腿，左脚收到右脚内侧，脚尖点地；同时右手向外翻掌，由右后方向上划弧至右肩外侧，右肘微屈，右手与耳部同高，手心斜向上方；左手则随身体转动向上、向右下划弧，落于右胸前，手心斜向下方；眼看右手。

步骤六

上身向左转，左脚向前迈出成左弓步；同时右手屈回，由耳侧向前推出，右手高度约与鼻尖相平，左手向下，由左膝前搂过，落于左胯旁，指尖向前；眼看右手手指。

动作要点

① 左脚向前方上步时，身体向右斜前方，这时腰、髋、上身基本保持在一个方向。
② 移重心前推掌时以腰带动手臂慢慢转向前方，左手在身体中线至左肩的位置，右手反之。
③ 推掌时要注意沉肩坠肘，坐腕舒掌，同时须与松腰、弓腿等动作保持上下协调一致。

易犯错误

上步时容易出现提前身体转正的现象，这种情况容易出现跪膝；右臂夹肩；右手僵直，向右转腰没到位；右手折腕平掌，左手翻掌；右手推掌位置偏离。

教练提示

搂膝拗步的动作是 24 式太极拳的基本动作之一，这个动作主要注意的是出脚时身体的方向，要做到脚向正前方上步，身体向斜前方。如果出脚时身体便提前转向正前方，很容易造成后腿跪膝，长时间练习会造成膝关节疼痛，同时因为是连续性动作，要将松腰、松胯、沉肩坠肘等太极拳的基本技术理论贯穿于动作之中。

松腰：太极拳练习要领。在太极拳行功中，"腰为主宰"，腰紧则上下皆断，因此要强调松腰，松腰表现为一种贯穿性的舒畅，起到承转的作用，既松又能承受所有劲力的疏导。正如拳诀中云："命意源头在腰际。"

松胯：太极拳练习要领。胯部为连接人体上下的重要部位，对于左右对称运动也有关键作用。太极拳十分重视胯的作用，认为松胯才能有利于全身的放松，能使下盘更加稳固，有利于内气的运行。

沉肩坠肘：太极拳练习的十大要领之一。沉肩指练拳时肩不可上耸，应将肩骨松开，使两肩自然下垂。沉肩坠肘是相互关联的要领，沉肩是坠肘的基础，坠肘是沉肩的进一步发展。做到了沉肩坠肘，才能使胸部得到最大限度的放松，使气息平稳下沉，也使肢体圆活，利于太极拳动作的灵活变化。沉肩坠肘无论是在定势还是在动态中均应时时处处得到贯彻，因此运动时应经常注意肩关节松开下沉，并有意识地向外引伸。

手挥琵琶

步骤一

右脚跟进半步，上身向后坐，身体重心转至右腿上，上身半面向右转，左脚略提起。

步骤二

左脚稍向前移，变成左虚步，脚跟着地，脚尖翘起，左膝部微屈；同时左手由左下方向上挑举，高度约与鼻尖相平，掌心向右，手臂微屈。右手收回放在左肘里侧，掌心向左；眼看左手食指前方。

动作要点

① 身体要保持平稳自然，沉肩坠肘，胸部放松。
② 左手上起时不能直向上挑，要由左向上、向前，整个动作微呈弧形。
③ 右脚跟进时，应脚掌先着地，再全脚踏实。
④ 身体重心的后移应与左手上起、右手回收的动作协调一致。

易犯错误

右脚落地后脚尖朝正前或 90°方向；右肘后撤过快；未用腰带动手臂运动；手挥琵琶两手高低错落太大。

教练提示

手挥琵琶胸部始终未朝向正前方，随着动作的重心移动以侧面和斜面为主，两手要有相合之力。同时要注重身型的体现，练拳时要注意含胸拔背，即锁骨保持平准而微下沉。含胸，指练拳时胸肌放松，胸廓微向内含的状态，动作正确时，胸部有一种轻快的感觉。拔背，指练拳时背脊放松，两肩胛骨外展下沉的状态，动作正确时，会感觉到两肩中颈后第三脊骨微微鼓起上提，皮肤绷紧。达到含胸拔背的状态时，胸背部肌肉逐渐下收，两肩微含。两肋微敛，同时胸腔增大，横膈下降，在这种放松的状态下，重心下降，腹部更为充实，有助于"气沉丹田"。

左右倒卷肱

第 6 式：左右倒卷肱

步骤一

上身向右转，右手翻掌，经腹前由下向后上方划弧平举，右臂微屈，左手随即翻掌向上；眼睛随着向右转体先向右看，再转向前方看左手。

步骤二

右臂屈肘折向前方，右手由耳侧向前推出，手心向前，左臂屈肘向后撤，手心向上，撤至左肋外侧；同时左腿轻轻提起向后退一步，脚掌先着地，然后全脚慢慢踏实，身体重心移到左腿上，成右虚步，右脚随转体以脚掌为轴扭正；眼看右手。

步骤三

上身微向左转，与此同时，左手随转体向后上方划弧平举，手心向上，右手随即翻掌，掌心向上；眼睛随着转体先向左看，再转向前方看右手。

步骤四

　　左臂屈肘折向前方，左手由耳侧向前推出，手心向前，右臂屈肘向后撤，手心向上，撤至右肋外侧；同时右腿轻轻提起向后退一步，脚掌先着地，然后全脚慢慢踏实，身体重心移到右腿上，成左虚步，左脚随转体以脚掌为轴扭正；眼看左手。

步骤五

上身微向右转，与此同时，右手随转体向后上方划弧平举，手心向上，左手随即翻掌，掌心向上；眼睛随着转体先向右看，再转向前方看左手。

步骤六

　　右臂屈肘折向前方，右手由耳侧向前推出，手心向前，左臂屈肘向后撤，手心向上，撤至左肋外侧；同时左腿轻轻提起向后退一步，脚掌先着地，然后全脚慢慢踏实，身体重心移到左腿上，成右虚步，右脚随转体以脚掌为轴扭正；眼看右手。

步骤七

上身微向左转，与此同时，左手随转体向后上方划弧平举，手心向上，右手随即翻掌，掌心向上；眼睛随着转体先向左看，再转向前方看右手。

步骤八

　　左臂屈肘折向前方，左手由耳侧向前推出，手心向前，右臂屈肘向后撤，手心向上，撤至右肋外侧；同时右腿轻轻提起向后退一步，脚掌先着地，然后全脚慢慢踏实，身体重心移到右腿上，成左虚步，左脚随转体以脚掌为轴扭正；眼看左手。

动作要点

① 右手翻掌时注意手心要向上。左腿向后退步时，直线向后退步落脚脚尖斜45°，但注意不要两脚重叠。

② 前推时，要转腰松胯，两手的速度要一致，避免动作僵硬。

③ 退步时，前脚随转体动作以脚掌为轴扭正。退左脚略向左后斜，退右脚略向右后斜，避免两脚落在一条直线上。

④ 后退时，眼神随着转体动作先向左或右看，然后再转看前手。退步时，前脚随转体动作以脚掌为轴扭正。

⑤ 前推的手不要伸直，后撤的手也不可直向回抽，随着身体的转动，仍走弧线。

⑥ 最后一个倒卷肱动作退右脚时，脚尖外撇的角度应略大一些，便于接做下面"左揽雀尾"的动作。

易犯错误

前推的手不要伸直，后撤的手也不可直接回抽，要随着腰身的转动，有一个弧线的动作。推手向前时不可高于头部。

教练提示

太极拳的脚步移动，前进、后退与外家拳有所不同。凡是向前迈步，要求支撑腿下沉坐稳，先是后脚跟着地，然后是脚掌、脚趾，再过渡到全脚掌着地，后退则完全相反，先是脚尖，继而逐渐过渡到全脚掌。

"迈步如猫行""如履薄冰"是太极拳脚步移动生动、形象的描述。太极拳要求重心平稳，动作轻灵沉稳，两膝运动如"揉面"一样圆活。但是，初学者往往会出现立身不稳，动作虚实不清，重心高低起伏，上、下动作不一致等错误。主要原因是腿部力量较差，对太极拳独特的运动方式把握不准，重心虚实转换不明。

纠正方法有：双手扶丹田前进、后退的移动练习，单腿独立平衡动作的持久性练习；加强腿部肌肉力量锻炼，如负重半蹲、负重前进、后退的移动练习，升降开合桩练习；"推腿练习"：两人一组，正面弓步相对，两手扶丹田或两手背叠于命门处，两人前腿踝关节内侧靠拢，以小腿膝关节为接触点，重心前后移动，做弓步、虚步的转换练习，接触点做顺时针或逆时针的圆弧运动；减少运动量，套路练习时适当调高架子，减小运动幅度；加强太极拳意识的培养，掌握太极拳独特的思维方式。

左揽雀尾、右揽雀尾

第 7 式：左揽雀尾

步骤一

身体继续向右转，左手自然下落，逐渐翻掌，经腹前划弧至右肋前，手心向上；右臂屈肘，手心转向下，回收至右胸前，两手相对，呈抱球状；同时身体重心落在右腿上，左腿收至右脚内侧，脚尖点地；眼看前方。

步骤二

上身微向左转，左脚向左前方迈出，上身继续向左转，右腿自然蹬直，左腿屈膝，成左弓步；同时左臂向左前方掤出，高度约与肩平，手心向后；右手向下落于右胯旁边，手心向下，指尖向前；眼看左前臂。

步骤三

　　身体微向左转，左手随即前伸，翻掌向下，右手翻掌向上，经腹前向上、向前伸至左前臂下方；然后两手下捋，即上身向右转，两手经腹前向右后上方划弧，直至右手虎口向上，高度约与肩齐，左臂平屈于胸前，手心向后；同时身体的重心移到右腿；眼看右手。

步骤四

　　上身微向左转，右臂屈肘折回，右手附在左手腕里侧，上身继续向左转，双手同时慢慢向前挤出，左手心向右后，右手心向前，左前臂保持半圆形；同时身体的重心逐渐向前移，变成左弓步；眼看左手的腕部。

步骤五

　　左手翻掌，手心向下，右手经左手腕上方向前、向右伸出，高度约与左手相齐，手心向下，两手左右分开，宽约与肩同；然后右腿屈膝，上身慢慢向后坐，身体的重心移到右腿上，左脚尖翘起；同时双手屈肘回收至腹前，双手手心都朝向前下方；眼睛平视前方。

步骤六

　　继续步骤五的动作，身体重心慢慢向前移，同时两手向前、向上按出，掌心向前；左腿前弓成左弓步；双眼平视前方。

动作要点

① 掤出时，两臂前后均要保持弧形。分手、松腰、弓腿三个动作必须协调一致。弓步时，两脚跟横向距离不超过 10 厘米。

② 下捋时，上身不能前倾，臀部也不能凸出。双臂下捋时要随着腰部旋转，形成弧线。左脚要全掌着地。

③ 向前挤的时候，上身要保持正直。挤的动作还要与松腰、弓腿相一致。

④ 两手向前按出时，手不能呈直线，应以曲线按出，腕部高度约与肩平，两肘微屈。

易犯错误

两手向前按出时，手不能呈直线，应以曲线按出，腕部高度约与肩平。两肘微屈。

教练提示

揽雀尾的动作分掤、捋、挤、按四种手法，重心转换明显，以腰带手是重点。在重心转换中不能有高低起伏。因为在练习中有明显的前移和后坐的体现，所以前移时不可出现后腿蹬直的现象，防止顶胯；后坐时不可出现跪膝的现象，防止出现膝关节因为错误动作而受伤的情况。掤、捋、挤、按是太极推手中四种手法的体现，练习过程中要将劲力和意识贯穿其中，将前后对撑、上下相拉的圆形劲力体现出来。

第 8 式: 右揽雀尾

步骤一

　　上身向后坐并向右转，身体的重心移到右腿，左脚尖向里扣；右手向右平行划弧至右侧，然后由右下方经腹前向左上方划弧至左肋前，手心向上；左臂平屈胸前，左手掌心向下与右手呈抱球状；同时身体的重心再移到左腿上，右脚收至左脚内侧，脚尖点地；眼看右方。

步骤二

上身微向右转，右脚向右前方迈出，上身继续向右转，左腿自然蹬直，右腿屈膝，成右弓步；同时右臂向右前方掤出，高度约与肩平，手心向后；左手向下落于左胯旁边，手心向下，指尖向前；眼看右前臂。

步骤三

身体微向右转，右手随即前伸，翻掌向下，左手翻掌向上，经腹前向上、向前伸至右前臂下方；然后两手下捋，即上身向左转，两手经腹前向左后上方划弧，直至左手虎口向上，高度约与肩齐，右臂平屈于胸前，手心向后；同时身体的重心移到左腿；眼看左手。

步骤四

　　上身微向右转，左臂屈肘折回，左手附在右手腕里侧，上身继续向右转，双手同时慢慢向前挤出，右手心向后，左手心向前，右前臂保持半圆形；同时身体的重心逐渐向前移，变成右弓步；眼看右手的腕部。

步骤五

　　右手翻掌，手心向下，左手经右手腕上方向前、向左伸出，高度约与右手相齐，手心向下，两手左右分开，宽约与肩同；然后左腿屈膝，上身慢慢向后坐，身体的重心移到左腿上，右脚尖翘起；同时双手屈肘回收至腹前，双手手心都朝向前下方；眼睛向前方平视。

步骤六

继续步骤五的动作，身体重心慢慢向前移，同时两手向前、向上按出，掌心向前；右腿前弓成右弓步；双眼平视前方。

动作要点

① 捧出时，两臂前后均要保持弧形。分手、松腰、弓腿三个动作必须协调一致。弓步时，两脚跟横向距离不超过 10 厘米。

② 下捋时，上身不能前倾，臀部也不能凸出。双臂下捋时要随着腰部旋转，形成弧线。左脚要全掌着地。

③ 向前挤的时候，上身要保持正直。挤的动作还要与松腰、弓腿相一致。

④ 两手向前按出时，手不能呈直线，应以曲线按出，腕部高度约与肩平，两肘微屈。

易犯错误

两手向前按出时，手不能呈直线，应以曲线按出，腕部高度约与肩平。两肘微屈。同时注意左揽雀尾到右揽雀尾时的重心转换，一定是先移重心再扣脚转身收脚的顺序。

教练提示

左右揽雀尾动作要求是一样的。揽雀尾的动作分捧、捋、挤、按四种手法，重心转换明显，以腰带手是重点。从左揽雀尾到右揽雀尾之间的重心转换要清楚，右手要有划弧走圆的动作，最后形成左抱球状。在整个动作过程中不能有高低起伏和前俯后仰的现象。四种手法的连贯要流畅，不可以出现断劲，一个动作的收势即是另一个动作的开始。

单鞭

第9式：单鞭

步骤一

　　上身向后坐，身体重心逐渐移到左腿上，右脚尖里扣；同时上身向左转，两手向左，呈弧形运转，直至左臂平举，伸于身体的左侧，手心向外，右手经腹前运至左边肋骨前方，手心朝向后上方；眼看左手。

步骤二

　　身体重心再慢慢移到右腿上，上身向右转，左脚向右脚靠拢，脚尖点地；同时右手向右上方划弧，此时手心由里转向外，至右侧方时变为勾手，手臂约与肩平；左手向下经腹前向右上划弧停于右肩前方，手心向里；眼看右前方。

步骤三

上身微向左转，左脚向左前侧方迈出，右脚跟后蹬，成左弓步；在身体的重心移向左腿的同时，左掌随着上身的继续左转慢慢向前翻劈出去，掌心斜向前方，力达掌根，手指约与眼部齐平，手臂微屈；眼看左手。

动作要点

① 上身保持正直，松腰。左手向外要有翻劈之意时，要随转体边翻边向前劈打出去，力达掌根。

② 全部的过渡动作，要注意上下协调一致。

③ 完成时，右肘稍下垂，左肘与左膝上下相对，两肩下沉。

易犯错误

单鞭要注意重心转换和云手的配合，容易出现单独做手上动作再完成脚上动作的错误，而没有做到上下相随。

教练提示

两手向左呈弧形运转时，应为左手高，右手低。左手向外翻掌向下划弧时，要随转体边翻边划弧，不能翻掌太快或最后突然翻掌。全部的过渡动作，要注意上下协调一致。

完成时，右肘稍下垂，左肘与左膝上下相对，两肩下沉。

云手

第 10 式：云手

步骤一

　　身体的重心移到右腿上，身体逐渐向右转，左脚尖里扣；左手经腹前向右上划弧至右肩前，手心斜向后方，同时右手变掌，手心向右前；眼看右手。

步骤二

　　上身慢慢向左转，身体的重心随之逐渐左移；左手由脸前向左侧运转，手心渐渐转向左方并向外翻转；右手由右下方经腹前向左上方划弧至左肩前，手心斜向后方；同时右脚靠近左脚，成小开立步；眼看左手。

步骤三

　　上身再向右转，同时左手经腹前向右上方划弧至右肩前，手心斜向后方；右手向右侧运转，手心向外翻转；随之左腿向左横跨一步；眼看右手。

步骤四

　　上身慢慢向左转，身体的重心随之逐渐左移；左手由脸前向左侧运转，手心渐渐转向左方并向外翻转；右手由右下方经腹前向左上方划弧至左肩前，手心斜向后方；同时右脚靠近左脚，成小开立步；眼看左手。

步骤五

上身再向右转，同时左手经腹前向右上方划弧至右肩前，手心斜向后方；右手向右侧运转，手心翻转向右；随之左腿向左横跨一步；眼看右手。

步骤六

上身慢慢向左转，身体的重心随之逐渐左移；左手由脸前向左侧运转，手心渐渐转向左方并向外翻转；右手由右下方经腹前向左上方划弧至左肩前，手心斜向后方；同时右脚靠近左脚，成小开立步；眼看左手。

动作要点

① 下肢移动时，身体重心要稳定，两脚掌先着地，再踏实。

② 脚尖要向前。眼睛的视线要随着左右手而移动。两脚距离 10～20 厘米，称为小开立步。身体的转动要以腰脊为轴，松腰、松胯，不能忽高忽低。

③ 两臂随腰的转动而运转，要自然圆活，速度要缓慢均匀。

易犯错误

动作忽高忽低，容易出现先做手上动作再做腿上动作的现象，不能做到上下相随。

教练提示

云手是太极拳练习中对锻炼身体协调能力特别好的动作，云手的动作看似简单，两手不停地在划圆。但在实际练习的过程中会出现要么两手一起划圆，要么两手划圆打架的现象。所以云手的动作要有步骤地进行学习：步骤一，单手划圆。步骤二，两手缓慢划圆。步骤三，单独练习侧行步。步骤四，手脚结合练习。每一个步骤都要非常熟练后再进入下一个步骤，循序渐进地进行练习。云手的动作要注意手与身的配合，以腰为主，带动手，同时在下肢侧行步中要做到平稳且无高低起伏。

第11式：单鞭

步骤一

上身向右转，右手随之向右运转，至右侧方时变成勾手；左手经腹前向右上方划弧至右肩前方，手心向内；身体的重心落在右腿上，左脚尖点地；眼看右前方。

步骤二

上身微向左转，左脚向左前侧方迈出，右脚跟后蹬，成左弓步；在身体的重心移向左腿的同时，上身继续向左转，左掌慢慢翻转，向前劈打出去，成"单鞭"式。

动作要点

和前一个云手的要求基本一致，注意手脚的协调配合，沉肩坠肘。

易犯错误

先出脚后出手，或先出手后出脚，动作不协调一致。

第 12 式: 高探马

步骤一

　　右脚跟进半步，身体重心逐渐后移到右腿上；右手变掌，两手心翻转向上，双肘微屈；同时身体微向右转，左脚跟渐渐离地；眼看右前方。

步骤二

　　上身微向左转，面向前方；右掌经右耳向前推出，手心向前，手指约与眼部同高；左手收至左侧腰前，手心向上；同时左脚微向前移，脚尖点地，成左虚步；眼看右手。

动作要点

① 跟步移换重心时，身体不要有起伏。
② 上身保持自然正直，双肩要下沉，右肘微下垂。

易犯错误

　　眼睛没有随手走，右手高于头部，从头向前推出。

右蹬脚

第13式：右蹬脚

步骤一

　　左手手心向上，前伸至右腕背面，两手相互交叉，随即向两侧分开并向下划弧，手心斜向下方；同时左脚提起向左前侧方进步；身体的重心向前移，右腿自然蹬直，成左弓步；眼看右手。

步骤二

　　两手由外圈向里圈划弧，两手交叉合抱在胸前，右手在外，左手在内，手心均朝向后方；同时右脚向左脚靠拢，脚尖点地；眼睛平视右前方。

步骤三

　　两臂左右划弧分开平举，双手肘部均微屈，手心均向外；同时右腿屈膝提起，右脚向右前方慢慢蹬出；眼看右手。

动作要点

① 左脚向左前侧方进步时，脚尖要略外撇。
② 两手分开时，腕部应与肩部齐平。

易犯错误

　　蹬出哪只脚哪只手就在外侧，如右蹬脚，即为右手在外侧。

教 练 提 示

　　蹬脚时，左脚微屈，右脚尖回勾，劲力应使在脚跟，而不是脚尖。分手时要与蹬脚协调一致。右臂与右脚上下相对。如面向南方起势，蹬脚的方向应为正东偏南，约为30°角。

第 14 式：双峰贯耳

步骤一

　　右腿收回，屈膝平举，左手由后向上、向前方下落至身体前面，两手手心均翻转向上，两手同时向下划弧分落于右膝两侧；眼看前方。

步骤二

　　右脚向右前方落下，身体的重心逐渐前移，成右弓步，面向右前方，同时两手下落，慢慢变为拳头，分别从两侧向上、向前方划弧至面部前方，成钳形状，两拳相对，高度约与耳部平齐，拳眼都斜向内下方，两拳中间的距离为10 ～ 20 厘米；眼看右拳。

易犯错误

　　此动作因为重心和手上的动作都是向前的，容易造成身体前倾或贯耳的拳过高。

动作要点

① 完成此式时，头颈要正直，松腰松胯，两拳松握，沉肩坠肘，两臂均保持弧形。

② "双峰贯耳"的弓步和身体方向都与"右蹬腿"方向相同。

③ 弓步的两脚跟横向距离则与"揽雀尾"相同。

教练提示

　　双峰贯耳动作要做到上下相随，蹬脚回收时两手相合，右脚落地时两手下捋，重心前移时弓步贯耳，要求上肢配合下肢动作，连贯完成。不可先做上肢，或先完成下肢动作。

双峰贯耳、转身左蹬脚

步骤一

左腿屈膝后坐，身体的重心移到左腿上，上身向左转，右脚尖往里扣；同时两手由拳变掌，由上向左右两边划弧分开平举，手心向前，眼看左手。

步骤二

身体的重心再移到右腿，左脚收到右脚内侧，脚尖点地；同时两手由外圈向里圈划弧，合抱于胸前，左手在外，右手在内，双手手心均朝向后方；眼睛平视左前方。

动作要点

"转身左蹬脚"方向与"右蹬脚"成180°角，即正西偏北，约30°角。

易犯错误

支撑腿和蹬脚腿都呈弯曲状。

步骤三

　　双臂左右划弧，分开平举，肘部微微弯曲，双手手心均向外；同时左腿屈膝提起，左脚向左前方慢慢蹬出；眼看左手。

教练提示

　　太极拳式中，单足站立如"转身左蹬脚"等，要求练拳者全身重量，由其单独一足承担，另一足则悬空动作。在一般情况下，练太极拳者都把以上的单足站立的拳式放在全套路中来练，极少有单练者，更没有深入去理解单足站立的诸般拳式的太极内涵与体用，因此，单足

站立的拳式，就经常有了瞬间或短时间的静止，腰胯不再旋转，立足颇难稳定，有悖于《太极拳论》中"处处总此一虚实"的古训。

　　其实，单足站立的太极拳式，可从以下方法单练、虚练。练拳者可任选一足承担自身全部体重，即重心，起始即须寻求自头顶百会穴循脊骨下行，以二指距离过会阴穴，而至足底涌泉穴，呈一直线，不得有任何凸凹弯曲之处，尤忌腰部、胯骨之凸起；必须始终保持头顶正小，沉肩坠肘，通体松软，腰胯松沉；另一足则以脚尖点地，以稳定自己的立身中正、单足站立之基本姿势，达到承受身体重心的单足的足掌的自我感觉完全平稳，不歪不斜。这样的练习，要延续相当一段时间；否则，自身身体的重心，就不能完整地落在固定的单足的足掌范围内。

　　练拳者的重心，是否真正地、稳定地落在承重的单足足掌范围内（不一定在涌泉穴），在于他自己意念的检验，即努力做到王宗岳《太极拳论》中所说的"默识揣摩"这四个字。

　　其后续练习，则是轻轻抬起不承体重、以脚尖虚点地面的另一足；自己的意念，则仍守在腰胯、丹田，而不要移到悬空的一足上去。悬空的这一只脚，开始可以极短距离地逐渐抬高，或做不同的动作，包括"分脚""蹬脚"等悬空单足动作，但须保持柔韧松软，不可僵化用力。此时须凝神注意身体重心的落脚处的稳定，注意腰胯缓慢、均匀、松软地旋转，以及承重单足的膝盖之轻微弯曲与伸展、大腿的转动。更换单足以后，左、右两足的练习方法相同。

左、右下势独立

步骤一

左脚收回平屈，上身向右转；右掌变成勾手，左掌向上、向右划弧下落，立于右肩前，左掌心斜向后方；眼看右手。

步骤二

　　右腿慢慢屈膝下蹲，左腿由内向左侧伸出，
成左仆步；左手下落，向左下方顺左腿内侧向
前穿出；眼看左前方。

步骤三

　　身体的重心向前移，以左脚跟为轴，脚尖微向外撇，左腿前弓，右腿后蹬，右脚尖向里扣，上身微向左转并向前起身；同时左臂继续向前伸出，即立掌，掌心向右，右勾手下落，勾尖向后；眼看左手。右腿慢慢提起平屈，成左独立式；同时右手变掌，并由后下方顺右腿外侧向前弧形摆出，屈臂立于右腿上方，右肘与右膝相对，手心向左；左手落于左胯旁边，左手心向下，指尖向前；眼看右手。

动作要点

① 左腿由内向左侧伸出时，注意要偏向后方。

② 左手下落穿掌时，掌心应向外。右腿全蹲时，上身不能过于前倾。左腿伸直，左脚尖要向里扣，两脚脚掌应全部着地。

③ 左脚尖与右脚跟踏在中轴线上。

④ 独立步时上身要正直，独立的腿要微屈，右腿提起时，脚尖应自然下垂。

易犯错误

下势仆步动作上身倾斜，或弯腰驼背，独立步时挑掌肘关节弯曲较大。

教练提示

下势独立是一串连贯动作，要求既能下得去，又能起得来，对练习者的柔韧、力量、平衡都有比较高的要求，这是一个完整动作，不能分开进行练习。同时太极拳讲究屈中带直，意味着所有动作的关节既不可以完全伸直，又不能完全弯曲。初学者往往将它们混淆，尤其是弓步后蹬脚不能完全蹬直，独立动作的支撑脚不能站直，上肢冲拳或推掌时肘关节不能伸直等。

纠正方法有：掌握太极拳独特的身法、手型手法、步型步法的概念，定势练习；不断地进行对比练习或对镜练习，2～3人一组，相互纠正动作。

第 17 式：右下势独立

步骤一

　　右脚下落于左脚前，脚掌着地；然后以左脚前掌为轴，脚跟转动，身体随之向左转；同时左手向后平举变成勾手，右掌随着身体转动向左侧划弧，立于左肩前，右掌心斜向后方；眼看左手。

步骤二

　　左腿慢慢屈膝下蹲，右腿由内向右侧伸出，成右仆步；右手下落，向右下方顺右腿内侧向前穿出；眼看右手。

步骤三

　　身体的重心向前移，以右脚跟为轴，脚尖微向外撇，右腿前弓，左腿后蹬，左脚尖向里扣，上身微向右转并向前起身；同时右臂继续向前伸出，即立掌，掌心向左，左勾手下落，勾尖向后；眼看右手。

步骤四

　　左腿慢慢提起平屈，成右独立式；同时左手变掌，并由后下方顺左腿外侧向前弧形摆出，屈臂立于左腿上方，左肘与左膝相对，手心向右；右手落于右胯旁边，右手心向下，指尖向前；眼看左手。

动作要点

　　右脚尖触地后必须稍微提起，然后再向下仆腿。

易犯错误

　　同左下式独立。

左右穿梭

步骤一

身体微向左转，左脚向前落地，右脚跟离地，两腿屈膝；与此同时，两手在左胸前呈抱球状；然后右脚收到左脚的内侧，脚尖点地；眼看左前臂。

步骤二

身体向右转，右脚向右前方迈出，屈膝弓腿，成右弓步；同时右手从脸前方向上举，并翻掌停在右额前方，手心斜向上方；左手先向左下再经体前向前推出，高度约与鼻尖相平，手心向前；眼看左手。

步骤三

　　身体的重心略向后移，右脚尖稍向内扣，随即身体的重心再移至右腿，左脚接着跟进，停于右脚内侧，脚尖点地；同时两手在右胸前呈抱球状；眼看右前臂。

步骤四

　　身体向左转，左脚向左前方迈出，屈膝弓腿，成左弓步；同时左手从脸前方向上举，并翻掌停在左额前方，手心斜向上方；右手先向右下再经体前向前推出，高度约与鼻尖相平，手心向前；眼看右手。

动作要点

① 一手上举，一手前推时，要与弓腿松腰上下协调一致。

② 弓步时，两脚跟的横向距离与"搂膝拗步"式相同，保持在 30 厘米左右。

③ 完成姿态面向斜前方，如面向南起势，"左右穿梭"方向分别为正西偏北和正西偏南，均约为 30° 角。

教练提示

太极拳步法的练习，要求所有动步，一定先转动腰胯，再带动大腿、小腿、脚和足掌移动，带动双膝变曲，下肢旋转上下如缠丝，松腰、坠胯，而得其沉劲，同时下旋双腿、转向而得反弹劲。因此，练太极拳步法，宜先定步、次动步、后变步、再单步，不能囫囵吞枣、马虎从事。

太极拳的动步，有前进步、后退步、横跨步以及变步。除了定步与"搂膝拗步""倒卷肱""云手"以外的动步，都是变步。要点与其他动步相同：以腰胯转动为主轴，带动腿、足而移动。以"玉女穿梭"为例，无论腰胯旋转180°还是270°，后掌穿出，以掤劲上翻，掤起敌之手腕或前掌或肘下，击敌之胸肋部，得"四正""四隅""四方"，是为正练。足下变步，起始时略微翘足尖，以脚跟为轴，以任何角度旋转足掌至任何方向。有时单足旋转一次，有时分两次旋转取其他方向，有时双足分别旋转方向，其联结处，都应该柔和圆转，动作于对手不知不觉之中。任何动步、变步的关键在于腰胯的左旋右转都要松软、柔和、均匀、

不停、不滞。

各种不同的变步决定出拳、出掌的不同方向。种种不同的方向，从根本上都以主要承担身体重心的足掌位置确定。承担身体重心的多数是后脚。其足掌旋转以后的位置，确定腰脊旋转的中心、角度，确定另一足移动的位置以及上身、头面、肩肘臂拳的运动位置和方向。此足掌以足跟为轴心的旋转，只是一个角度，足尖起落柔和圆转，其运动轨迹则是一个弧线。要以自己的腰胯旋转带动足掌变换位置。

练习方法是先以自己的意识转动腰胯，带动足掌。如果直接以自己的意念转动足掌，或急或缓，都落入下乘，意气便即散乱。

练拳者以足掌转动定人体位置方向，可单独做转动练习。方法为：两手臂自然下垂，沉肩、坠肘，全神贯注于腰胯缓慢、轻柔、均匀旋转，两足前后站立，双腿受腰转之带领，有轻微起伏、旋转，其虚实则有互相消长之变。需要注意的是，腰部转动在前，足尖抬起、足掌转动在后。

第 19 式：海底针

步骤

　　右脚向前跟进半步，身体的重心移到右腿，左脚稍向前移，脚尖点地，成左虚步；同时身体微向右转，右手下落，经身体前方，向后、向上提抽至肩上耳旁，再随着身体左转的动作，由右耳旁斜向前下方插出，掌心向左，指尖斜向下方；与此同时，左手向前、向下划弧，落于左胯旁边，手心向下，指尖向前；眼看前下方。

动作要点

① 身体要先向右转，再向左转。完成此式时，面向正前方。

② 左腿须微屈。

③ 跟步时方向要调整到正前方。

易犯错误

　　上身太过向前倾，出现低头和臀部外凸。

第 20 式：闪通臂

步骤

　　上身微向右转，左脚向前迈出，屈膝弓腿，成左弓步；同时右手由身体前方向上提，屈臂上举，停于右额的前方；左手向外翻转，同时上起经胸前向前推出，高度约与鼻尖相平，手心向前；眼看左手。

动作要点

① 弓步时，两脚跟的横向距离与"揽雀尾"式相同，注意不能超过 10 厘米。

② 完成此式时，上身要自然正直，松腰、松胯；左臂不要完全伸直，背部的肌肉要伸展开。

③ 推掌、举掌和弓腿的动作要协调一致。

易犯错误

这个动作因为是同手同脚的动作，又是力量向前推出，特别容易出现膝关节过脚尖的现象。

教练提示

人的膝关节非常娇嫩，习拳者若姿势不准确，要领不得法，便极易受损。如"左右穿梭"练习中实腿碾转时要领不对就会造成膝关节受损。太极拳中虚腿、实腿之分是相对于支撑人体重量的多少而定的。正弓步时前腿弓、后腿蹬，前脚承受体重约六成，后脚承受体重约四成。则前腿为实腿，后腿为虚腿，实腿碾转的基本要领是在全身放松的基础上，实腿的脚尖翘，以脚跟为轴碾转（不减少该脚的承重），碾转中必须使脚尖、膝尖、手尖、鼻尖及眼神等同时转，而身法仍要保持中正。脚的承重将逐渐增大到整个体重。

初学者掌握不了这些要领，常在碾转中膝关节用力里扣来带领脚尖的转动，或者是脚尖先转动，膝关节紧跟着转动，而身子迟随，体重压迫膝关节的侧面，使膝关节内侧肌、韧带产生慢性损伤，久而久之，膝关节会疼痛难受，越练越痛，严重时习拳者望而生畏，不再打拳。

正弓步的屈膝不当也会引起膝关节的疼痛。当同腿的膝尖与脚尖指向不一时，膝关节所受的分力将向膝侧面挤压，时间一长，会导致韧带过累而疼痛。此外，屈膝过甚也是初学者易犯的错误。屈膝前弓过甚也就是膝尖超过脚尖，尤其是弓步时两脚前后的跨度小，胯一沉，前腿屈膝就很易超过脚尖。这时膝关节所受的分力过大，股骨关节面过于前弓紧压膝盖之髌骨，时间一长髌骨将劳损而导致膝部疼痛。

转身搬拦捶

背面

正面

步骤一

上身向后坐，身体的重心移到右腿上，左脚尖朝里扣，身体向右边后转，然后身体的重心再移到左腿上；与此同时，右手随着身体转动，向右、向下经腹前划弧到左肋旁边，拳心向下；左掌上举于头部前方，由上至下按掌，眼望前方。

步骤二

　　向右转体，右拳经胸前向前翻转撇出，拳心向上；左手落于左胯旁边，掌心向下，指尖向前；同时右脚收回后即向前迈出，脚尖外撇，眼看右拳。

步骤三

　　身体的重心移到右腿上，左脚向前迈一步；左手上起，经左侧向前上划弧拦出，掌心向右侧，虎口向上；同时右拳向右划弧收到右腰旁边，拳心向上；眼看左手。

动作要点

① 右手向右、向下经腹前划弧到左肋旁边时，变为拳。

② 右脚收回时，不能停顿或脚尖点地，要直接向前迈出。

③ 右拳回收时，前臂要慢慢内旋划弧，然后再外旋停于右腰旁，拳心向上。

④ 向前打拳时，右肩随拳略向前引伸，沉肩坠肘，右臂不可过直，要保持微屈。

⑤ 弓步时，两脚跟的横向距离与"揽雀尾"式相同。

步骤四

左腿前弓成左弓步，同时右拳向前打出，拳眼向上，高度约与胸平，左手附于右前臂里侧；眼看右拳。

易犯错误

右腿跪膝，两臂相合过早过低；右拳低于左掌；右脚迈步时角度过小，重心前移时右转腰不足，两臂"搬"偏向外侧；迈步时身斜，右拳过高；出拳过前。

第 22 式: 如封似闭

步骤一

左手由右腕下向前伸前, 右拳变掌, 两手手心逐渐翻转向上, 并慢慢分开回收; 与此同时, 身体向后坐, 左脚尖翘起, 身体的重心移到右腿; 眼看前方。

步骤二

两手在胸前翻掌, 向下经腹前再向上、向前推出, 腕部约与肩相平, 手心向前; 同时左腿前弓成左弓步; 眼看前方。

动作要点

① 身体向后坐时, 要避免后仰, 臀部不可凸出。分手时要含有掤劲。

② 双臂随身体回收时, 肩、肘要略向外松开, 不能直着抽回。

③ 两手推出宽度不能超过两肩。

易犯错误

左手穿掌于右臂上方, 右腿不动; 重心后移时身体后仰, 两臂折叠, 掌心向上; "闭" 时身体僵直。

教练提示

技击时如右手被对方抓住, 就可以运用此式, 以左手环转之力, 拨开对方锁扣, 进而撤右手, 同时回调对方, 并进击对方。

如封似闭

十字手、收势

第 23 式：十字手

步骤一

屈膝后坐，身体的重心移到右腿，左脚尖朝里扣，向右边转体；右手随着身体的转动，向右平摆划弧，与左手成两臂侧平举，掌心向前，肘部微屈；同时右脚尖随着身体的转动，稍向外撇，成右侧弓步；眼看右手。

步骤二

身体的重心慢慢移到左腿，右脚尖朝里扣，随即向左收回，两脚距离与肩同宽，两腿逐渐蹬直，成开立步；同时两手向下经腹前向上划弧，交叉合抱于胸前，两臂撑圆，腕部高度约与肩相平，右手在外，成十字手，手心均向后；眼看前方。

动作要点

① 两手分开和合抱时，上身不要向前俯。站起后，身体要自然正直，头部微向上顶，下颌稍向后收。

② 两臂合抱时要圆满舒适，沉肩坠肘。

③ 十字交叉的高度约与胸齐，两脚平行开立，身体略下沉。

易犯错误

转身时上下不相随；转身时中心发生变化；双手抬得过高；双手下移时打开过大；十字手定势离身体太近。

第 24 式：收势

步骤一

两手向前平伸，与肩同宽。慢慢起身。

步骤二

　　两手以肘关节为力点慢慢下落，放至大腿前侧。左脚慢慢收于右脚，同时两手慢慢轻贴于大腿两侧。

动作要点

① 两手分开下落时，要注意全身放松。
② 呼吸平稳后，把左脚收到右脚旁，再走动休息。

教练提示

　　收势是全套太极拳的最后一个动作。太极拳的起势和收势是一个相辅相成的动作，可以连贯起来进行练习，在收势中贯穿呼吸。整套动作结束后，将心绪、精神慢慢收回。

第四章 如何规范地练习太极拳

一、太极拳练习中的易犯错误

1. 忽视自身身体情况，一味强调动作难度

一些练习者，尤其是中老年人或初学者，往往身体柔韧度不好，腿部、腰部的力量较弱，这样的人，在练习仆步、弓步、独立步等步型和一些步法时，应适当降低难度，不能一味追求动作一步到位。因为在力量和柔韧性不足的情况下勉强做动作，会造成重心移动、身体歪斜，这样就违背了练习太极拳的初衷。因此，应根据肌肉力量和身体柔韧度适当降低动作难度，随着练习的慢慢累积和深入，练习者的力量得到强化，身体协调性和柔韧度都会有所提高，这时会发现，起初练习时觉得困难的动作在潜移默化中已经可以掌握了。

2. 三天打鱼两天晒网，缺乏恒心

武术中有"太极十年不出门"之说，说的就是太极拳学无止境。太极拳轻松柔和、健身

养生，是不可多得的中华瑰宝。一些人在练习之初经常顾前忘后，记手忘脚，使自信心大大削弱，从而废弃练习。还有一些人，"三天打鱼，两天晒网"，练了几次发现没有成效，就半途而废了。其实，练习太极拳需要有恒心，要勤学多练，才会收到成效。如果在练习中出现肌肉酸痛的现象，一般来说是因为体质较弱，再练习一段时间，酸痛自会消失。

3. 过于心急，只求空架

有些人练习太极拳像吃快餐，总想着一朝一夕就能学会，贪多求快，怀着先学动作后纠正错误的侥幸心理去练拳，这样不求甚解的学法，只能学来一副空架子，有其表而已。24式太极拳虽是从传统太极拳简化而来，但是其"拳理不简"，为了追求速度而留下错误，改正起来会非常困难。所以，学习太极拳一定要脚踏实地，求真务实才是真正的捷径。

4. 运动量过大或者过小

每个人的体质不一样，能承受的运动量也不同。一般来说，练拳之后感到舒服、情绪很高，疲劳能很快恢复，说明运动量是适宜的。运动量过小，身体没有得到充分活动，起不到应有的锻炼效果；运动量过大，会使人过度疲劳甚至产生运动伤害，得不偿失。因此，一般健康人练到身体微微出汗即可，年老体弱者要根据医师或教练员的指导进行练习，如果做不了全套动作，也可选取其中部分动作进行练习。

二、如何练习太极拳的独立平衡动作？

1. 控腿要点

首先是柔韧，其次是力量，即大腿的力量。比如金鸡独立，当做金鸡独立提膝动作的时候，

很多人膝盖能到胸的位置，可以提得很高，把手放开的话也可以提得很高，但是一旦把小腿抬起来，就会垮下去。原因是大腿的力量不足，同时，还有髂肌不够强。第三是平衡，平衡是练习的重中之重，太极拳大量的动作都是在练习平衡，站得稳比站得高更重要。若身体柔韧性或力量不够，而单纯为了高蹬脚而高抬，则身体一定会向后仰，或者支撑腿弯曲。支撑腿可以微屈，微屈不等于弯曲。因此，平衡的动作要求第一是支撑腿不能弯曲，第二是头与尾骨成一条线。蹬腿前后上下对称的力量需形成一个圆柱形，当蹬腿出去的时候，整个身体也是一样的腿向前蹬，头要向上顶，后背要微微沉，履尾要像一个弓形，这样不仅动作稳，而且能够让人感受到动作的力量。

2. 练习方法

首先，每天坚持压腿，保证柔韧性的锻炼。

其次，多做提膝运动，即金鸡独立。提膝时要保证膝盖尽量靠近胸，反复多次地进行练习。

最后，在提膝的基础上将小腿蹬出，注意蹬出腿不可弯曲，以站得稳为主，高度可以在稳定的基础上逐渐提升。

三、如何在练习太极拳时避免膝关节损伤？

太极拳是较为温和的体育锻炼项目，没有剧烈的心肺练习，也没有高强度的力量训练，同时在柔韧的要求上也是因人而异。想练成什么程度的太极拳完全取决于练拳者对自己的要求和目标。所以我们能看到各种各样的太极拳，或者各种形式的太极拳。不管练成什么样，相信大家都是以身体健康为前提的。练习太极拳

会损伤膝关节吗？练太极拳膝关节会疼吗？这是很多初练者会提出来的疑问？客观地说，这个答案似乎是肯定的，至少百分之六十的练习者都有出现过膝关节疼痛的现象。现代太极拳如此温和，没有速度、力量、跳跃、重击，但还是会在学习太极拳后不久就开始膝关节疼痛了。为什么会这样呢？如何在练习太极拳的过程中避免膝关节损伤呢？

1. 腿部力量的不足

腿部力量不足以支撑下蹲后的身体重量的负荷。太极拳独特的运动形式凸显出练习过程中腿部锻炼的重要性。太极拳动作柔和缓慢，下肢呈微屈状态，在前进步或后退步时都要求重心由一腿转移到另一腿，从而避免出现"双重"现象，使其在独立支撑时对腿部的要求比较高。很多人以为太极拳的腿部力量是通过蹲得低而练出来的。其实从起势到虚实转换开始，腿部力量就在不知不觉中逐渐增加。腿部力量的增加是通过练习时间的积累而逐渐实现的。而有的练习者在初练时以为蹲得越低越好，刚刚接触太极拳一两周就过度下蹲，不仅因为腿部力量不够而造成动作变形，同时还在持续一段时间后出现膝关节疼痛的现象，这都是由超出负荷所引起的。

2. 膝关节需要一个适应阶段

正常人的基本活动都是处于直立状态，而且体育运动中也很少有长时间处于半蹲或微屈膝状态的运动类型。由直到曲是需要一个过程来适应的。太极拳是一种缓慢的、半蹲状态下的运动，这种运动会对膝关节造成一定的负重，所以初练拳者即使在动作正确的情况下仍会出现膝关节不适的状况，这是因为由直到曲的状态需要一个适

应过程。这个适应过程包括腿部力量的适应、关节负重的适应和对太极拳运动形式的适应。所以初练者开始练习时觉得膝关节不太舒服，练习一段时间后这种不适感会逐渐消失，说明腿部力量在增强，逐渐适应了对关节的负重。

3. 过去曾经有过膝关节损伤史

有一部分太极拳爱好者膝关节疼痛和其过去曾经膝关节有过损伤有关系，有的人可能就医过，而有的人认为不妨碍生活行动，也未曾就医。随着时间的推移和年龄的增长，膝关节和肌肉的能力都逐渐走下坡路，而太极拳的特点又是需要微屈蹲，慢行进的，对于肌肉力量是有一定要求的。这个时候膝关节和肌肉会因为曾经的损伤而力量不足，无法再起到支撑和保护作用。这也是为什么医生会特别强调 30 岁以后一定要注重肌肉力量的训练，增肌不仅仅是为了身材好，更重要的是要通过肌肉来保护自己的各个关节。所以过去曾有过膝关节损伤的太极拳爱好者，要更加注意腿部的力量训练，要有意识地去增加大腿和膝关节周边小肌群的力量训练。有的练习者可能会提出，我的腿部力量可不可以通过绑沙袋、负重、上力量器械等手段来提高？鉴于太极拳运动的独特性，太极拳的力量训练最好从太极拳的练习中来，因为太极拳的运动特点是有别于其他体育运动的，是缓慢的、微屈的、重心不停转换，同时又是在连续不断的练习中慢慢达到力量训练目的的。它不仅仅是一项周身运动的整体训练，还是精、气、神、意相关联的运动。

4. 没有正确地按照太极拳的基本动作进行练习

这一点是出现最多，且最普遍的一个问题。

例 1：前进步摆脚不转腰。前进步是太极拳最基本的一个步法，但是在做前进步的过程中有个很重要的环节，就是膝关节是否和脚尖在一条线上，在做摆脚转腰动作的时候，腰是否转了？很多人在做摆脚时，腰几乎没有动，或者动的幅度极少。例 2：弓步膝尖超脚尖。太极拳套路中有大量的弓步步型，很多拳友在练习中过于强调下蹲，但步子又迈不开，导致膝关节严重前倾，并超过脚尖，长时间如此练习，自然受不了。例 3：重心转换时跪膝。太极拳很重要的一个特点就是运动中一直是虚实转换的，尤其是换动作、换方向时都是靠重心转换来完成的，在转换的过程中非常容易出现跪膝的情况，这种跪膝在国际和国内比赛中都是明确要求的扣分项。跪膝也就是在回坐时后腿膝尖没有和脚尖保持在一个方向，跪膝会出现一系列身形问题，如撅臀、塌腰、挺胸、前倾等。一个套路，如 24 式太极拳动作虽然只有 24 式，但重心转换变化可能会有 40 多次，每一次的转换都和跪膝有关，如果每练一套都有大量的跪膝问题，膝关节怎么可能能承受如此大的负担和扭转。所以不正确的太极拳动作是造成膝关节损伤非常重要的一个原因。

四、太极拳练习的三个步骤

太极拳奥义精深，不可一蹴而就，要耐心钻研，方能达到较高境界。练习太极拳可以分为以下三个步骤：第一步要打好形体基础；第二步提高运动技巧；第三步做到形神兼备、从容自如。

第一步：形体基础

太极拳所指的形体，并非大家广义理解的

形体，太极拳的"形"，就是指身型、手型、手法、步法、步型等要合乎规范；太极拳的"体"，是指体力、身体素质的训练。

①要做到身松心静。太极拳是身心兼修的运动，在训练伊始，就要学会自我调整身心状态，消除紧张，排除杂念。

有一些初练者，练习时认为一招一式力气越大越好，造成自己周身紧张僵硬，面红耳赤，气喘吁吁，这就违背了太极拳对于"身松"的要求。

②要做到中正安舒。"中正安舒"是练习太极拳的基本要求，所有动作均要建立在此基础之上。尤其是练习之初，切勿形成弯腰驼背、挺胸翘臀、前俯后仰等不良习惯，这些习惯一旦形成要立即纠正，否则会影响练习效果，更会对日后的进阶形成阻碍。

③要做到舒展柔和。太极拳的动作，既不能生硬又不能软缩，它就像一个充满了气的气球般饱满，具有支撑八面的张力，柔中有刚，柔而不软，展而不硬。初练者如果一开始就追求柔中之"刚"，往往掌握不到要领，使拳架变得生硬变形，因此初练者应着重掌握太极拳之"柔"，再慢慢地悉心体会"刚"。

第二步：技巧提高

这个阶段的重点在于加强动作的规范性，这是因为动作是否规范，直接影响着太极拳的锻炼质量和效果。在太极拳的练习中，通过形体的锻炼，各部位动作协调一致，才能达到强壮身体、柔软筋骨的目的。在单个基本动作的练习中，练习者不仅要加深对每一个技术动作规范的了解，而且要逐步掌握动作与呼吸和意识的配合，为进行套路练习奠定基础。

第三步：从容自如

这一阶段可以做到形与神、气与力、内与外的完美结合，动作饱满自如，充满神韵。这种神韵一定是由内而发，并非舞蹈动作可以模仿。到此阶段，形体技巧完全熟练，注重用意念贯注于身体，"重意而不重形"。技术提高后，可以有意识地引导呼吸与动作配合，做到"能呼吸然后能灵活"的拳势呼吸。所谓从容自如的境界，就是"不在形式在气势"之感，练习者神舒体静、清虚自然，可以逐渐从规范和技巧的束缚中解脱出来，神韵和风采自成。

五、针对不同年龄段的练习方法

练习太极拳和其他体育项目一样，要经过一个由生到熟、由熟到巧逐步提高的过程。太极拳有独特的运动特点和风格，只有充分体现出这种风格特点，使每一姿势动作符合要领，

才能更好地收到增强体质的功效。大致来说，练太极拳可以分为三个阶段。第一阶段，应该在姿势（完成式）、动作（过渡式）上打好基础，把拳套中的步型、步法、腿法、身法、手型、手法、眼神等基本要求弄清楚，做到姿势正确，步法稳定，动作舒展、柔和。第二阶段，注意掌握动作的变化规律及其特点，做到连贯协调，圆活自然。第三阶段着重练习劲力的运用和意念、呼吸与动作的自然结合，做到动作轻灵沉着，周身完整统一。

（一）初学阶段

①端正：打太极拳首先要注意姿势正确，特别要保持上体自然正直，腰脊中正，两肩、两胯自然放松，不可俯仰歪斜，或耸肩，或扭胯。其他部位也要按着要求切实做好。忽视任何一个部位的要领，必然牵扯其他部位，造成错误定型和错误动作。例如姿势中臀部外凸，必然牵连腰部和胸部前挺，腹肌紧张。因此，

初练者在最初学习的时候要抓住姿势"端正"这一环节，不可贪多求快，潦草从事。这样做开始阶段可能刻板一些，初练起来灵活性稍差，但只要抓住了"身法"中的主要矛盾，其他问题以后就比较容易解决。

②稳定：要使上体端正舒适，必须首先保持下肢稳定。步型、步法既是姿势中的一部分，又是整个姿势的基础。经验证明，很多人下肢稳定性不好，并不完全是力量不足的原因，而多数是由于步型、步法不当而造成的。如果步子过小或过窄，或脚的位置、角度不对，以及变换动作时虚实不清，势必造成身体重心不稳。因此必须把步型、步法的要求弄清楚，可以单练各种桩步和步法，先把身体重心的变换找清楚。这样既利于培养下肢的支撑力量，又能把主要步型（弓步、虚步、仆步、独立步等）、步法（进步、退步、侧步、跟步等）的要领掌握好。此外根据具体情况，多练各种腿法（蹬脚、分脚、摆脚、踢脚、压腿等）和多做腰部的柔韧性练习，也可以增强下肢力量，有利于动作的稳定。

③舒松：初练时，在姿势动作中要注意舒松自然。舒松不是软化无力，而是按照规矩，尽量把动作做得舒展些。任何运动总是松紧、张弛交替进行，太极拳也是如此。但是太极拳的特点是轻缓柔和，沉着自然，要求"运劲如抽丝"。初练者往往不适应这种要求，容易使用拙力，造成不必要的紧张，甚至僵硬，破坏了姿势动作的端正、稳定。初练打基础时必须注意克服这一毛病，首先由舒松柔和入手，把不必要的紧张和生硬的僵劲去掉，姿势动作力求舒展大方，自然柔和。

④轻匀：为了较快地掌握太极拳轻缓柔和的运动特点，初练时，注意动作要慢、要柔、

用力要轻、要匀。当然，快和慢是相对的，不是越慢越好。一般说来，初练者动作可以慢一些，用力可以稍微轻缓一些，易于使动作准确，速度均匀，消除拙力。初练者开始时如果动作不熟练，可以在姿势之间稍微有些许停顿，体会一下要领，边想边做。但是动作熟练之后，就要努力保持匀速运动，起落转换不可忽快忽慢，忽轻忽重。

⑤连贯：打太极拳在姿势动作有一定基础之后，就要努力做到节节贯穿。各个姿势动作要前后衔接，一气呵成，好像如行云流水一般，前一个动作的完成，就是下一个定势的开始，不容许中途断线。比如"揽雀尾"动作，初练时可以把掤、捋、挤、按分成四个局部动作，独立开来；熟练之后，就要把这四个动作衔接在一起，动作中间虽然仍然要保持一定的节奏感，但是一个动作做完了，微微一沉，似停非停，要立刻接下一个动作，整个动作过程精神贯注，意念集中，不可松懈间断。简化太极拳的 24 个姿势动作，都应该这样去处理。

⑥协调：练太极拳是全身性活动，要求上下相随，完整一气，全身各部位的运动保持协调一致。比如做"云手"动作，腰脊转动，带动了两臂在空间划圆，两手掌随着臂部运动不断地内外翻转，两腿支撑整个身体左右移动重心，颈部也随躯干自然扭转，同时两眼不断注视交换的手，这样就形成了一个处处牵连密切配合的全身运动。

年龄、体质不同的人，锻炼目的不同的人，在初练太极拳时应该有不同的教与学的方法。

中老年人为了防病保健而练太极拳，只要架子练得好些，能坚持天天练，不断巩固，技术和兴趣有提升就可以了。具体练习可随意选择流派，也可以提高兴趣多练一些套路，练练推手，寓娱乐于锻炼之中，练得轻松，不必拘束。运动量适可而止，不必强求，以练后稍出汗、自我感觉轻松愉快为度。

病弱者，以增强体质、治疗慢性疾病为目的，套路应单一，运动量也要有一定的限度，最好按体疗医生所嘱进行锻炼。一般来说，学练的套路难度不要大，以易学易练为原则。学练的套路要单一，选取动作以姿势舒展、优美的风格较好。锻炼时，除了招式动作力求做准确，从动中求静之外，应加强一些呼吸方法的锻炼，以养气存神为主。

青年人、运动员应以把握运动要领，锻炼扎实的功架，加大运动强度和提高运动技术水平为目的。学习时选取一种流派入门，专心锻炼，加以提高，达到内外兼修的目的。按"由招熟而渐悟懂劲，由懂劲而阶及神明"的层次和要求逐步提高。除了走架锻炼外，还应多练基本功，达到一定程度后，在锻炼的时间安排上，走架与技击性推手相结合，两者互相促进，提高也就更快。

（二）高手境界

太极拳是动静结合，内外兼修的功夫。形、气、意是太极拳基础，做到形正、气顺、意静三者相辅相成，合而为一，方是高手境界。把握好太极拳的形、气与意，会使修炼达到事半功倍的效果。

1. 形：中正自然、舒畅合度、尖节对应

太极拳的"形"是指练习者要调节身体姿态和动作，以达到身体的阴阳平衡。

中正自然是太极拳之"形"的基本要求，强调身体姿势端正、平稳，久练之后身体自可生成一股浩然正气。要做到中正自然就要掌握以下几点：

（1）虚领顶劲

练太极拳时，要求头部正直，头顶的百会穴处要向上轻轻顶起，同时不能用力，要保持头顶的平正。下颚要稍稍向内收，但不能太用

力，否则会很僵硬。颈部要灵活，但不要晃动。做到了"虚领顶劲"，才能把精神提起来，动作才能沉稳、扎实。

（2）含胸拔背

含胸就是把胸廓略向内收敛。练习太极拳的过程中，最忌讳挺胸和压胸，挺胸容易使躯干变得僵直，使气机上升，而压胸则容易引起闭气，这两种情况都不符合太极拳练习的呼吸方法。只有含胸，才可以做到既使重心下降，又使肺脏、横膈活动加强。拔背与含胸是相互联系的，要含胸就必然要拔背。拔背就是用头将背微微提起，使脊柱垂直，保证中枢神经的安定。

（3）沉肩坠肘

"沉肩坠肘"与"含胸拔背"是相互联系的。如果不把肩沉下去，那么，胸部以上就会受到束缚。坠肘也非常重要，如果肘不坠下，那么动作就会迟缓，两肋就会失去保护，"沉肩坠肘"时，两臂由于肩、肘的下坠会有一种沉重的内劲感觉，这就是上肢内在的劲道。

（4）松腰垂臀

在练习太极拳的过程中，腰是最重要的部位，松腰就是要求腰部要放松，使身体动作运转轻灵。松腰不仅有助于沉气和稳固下肢，更主要的是，它对动作的进退旋转、用躯干带动四肢的活动及动作的完整性，起着主导的作用。垂臀要求要尽量放松臀部肌肉，使臀肌稍稍向前、向内收敛，这一点很重要，因为凸臀会给松腰造成障碍。

（5）裹裆含腚

裹就是包起来的意思，裹裆就是大腿肌肉由外面向里面包裹。含腚就是要求臀部不要翘起，肛门自然向上提。"裹裆含腚"就是要求练

习者的臀部不能向外凸出，要向内收缩与脊椎保持在同一条线上。

（6）尾闾中正

"尾闾中正"是关系到身躯和动作姿势能否做到"中正安舒""支撑八面"的关键。因此，在太极拳习练中特别重视"尾闾中正"，无论是直的还是斜的动作姿势，都必须保证尾闾与脊椎成一条直线，处于中正的状态。更重要的是"尾闾中正"还影响到身体下盘的稳固性。可以说，"尾闾中正"是"虚领顶劲"的延续动作，做到了"虚领顶劲"和"尾闾中正"，就能使全身处于一种兴奋状态。

（7）舒畅合度

所谓舒畅就是要求练习者在练拳的过程中身体松沉柔和，在这种自然状态下对身体关节、肌肉进行柔和、缓慢的运动，不会造成疲劳，可以逐渐消除紧张、畅通经络。中医理论强调"痛则不通、通则不痛"，人体之气运行在骨肉之间、经络内外，只有保持经络畅通，才能环流不息、气遍全身。合度就是要求练习者在练习中保持骨节舒、肌调谐、腱柔韧、肤宽敏、步谙虚实、置身稳、举措当、使力刚捷。练拳时动作圆转自如，处处走弧线，全身一动皆动。关节、肌肉不断地伸展、收合，反复缠绕绞转，一张一弛，增强关节的稳固性、柔韧性和灵活性，增强肌肉收缩能力，使之柔韧而富有弹性，使骨骼血液供给得到改善，骨质变得坚固。如果练拳过程中觉得不舒服如膝痛、头重、呼吸不畅、背痛等现象，就是违反了舒畅合度的原则。

（8）尖节对应

所谓尖节对应，就是要做到三尖相对，三节相合。三尖相对即为在定势时，鼻尖、手尖、脚尖相对，使这三者的位置保持在同一个垂直面上，这样，拳架的上中下三盘就可以相互照应，协调配合。三节相合就是太极拳中的"外三合"，要做到三节相对，才能达到太极拳的"外三合"，即肩与胯合、肘与膝合、手与脚合，做到外三合，才能达到完整一气的境界。

2. 意：意到气到，气到劲到

意是人的一种思维活动、精神意识。太极拳《十三势歌》中的"势势存心揆用意""意气君来骨肉臣"，讲的就是用意带动形体，形随意动，两者合二为一。意与形结合才会"感觉到四肢百骸荡然无存，不知我之为身，身之为我，惟意气在流动"之感。这里的"气"，并不是太极拳的呼吸法，而是指人身体内细胞运动而产生的能量，是由先天元气和后天元气所组成的真气。

用"气",首先要求"气"能按照练习者的意志而运行,用注意力暗示"气"随动作的变化而运行,这种用心意驾驭内气运行的能力的过程,称为"行气"。以意导气,是一种长期意念与形体的训练,把气变成有序化的、听从指挥的、具体的,必须遵循客观规律,经过长期的训练方可做到。一般等到拳架比较熟练,打拳能够实现和谐流畅而不"断劲"的程度,就可以将意识适当地介入呼吸与动作的配合之中。

在这阶段要实现"以意导气""以体导气",在意识的引导下,对一些简单的开合运动进行呼吸的配合。呼吸时,采用"腹式深呼吸"的方式,在每式动作开始时吸气,动作结束时呼气,即"开吸合呼"。按照动作要领,反复练习,使呼吸和动作能够实现自然结合,从而慢慢达到"意到气到,气到劲到"的境界。

3.气:呼吸深、长、细、匀

太极拳的气和呼吸法,是练好内功的重要因素,《太极拳论》上讲:"能呼吸然后能灵活。"因此,在练习太极拳的过程中,要注意运用好呼吸。太极拳运动中的腹式呼吸和自然呼吸都应做到深、长、细、匀,通过缓慢的呼吸,形成气息在体内的充分交换。

(1)腹式呼吸

腹式呼吸就是"气沉丹田",用意识引导呼吸,将气缓缓地送到腹部脐下,形成腹式呼吸。这种呼吸方法能促使呼吸饱满、精神振奋。有利于动作的和顺。练习太极拳一般都采用腹式呼吸,一呼一吸结合得非常密切。在一个动作里,往往就伴随着一呼一吸,而不是一个动作

固定为一吸或者一呼,这样呼吸和动作实现自然的协调统一。

(2)自然呼吸

自然呼吸就是人的本能呼吸法,太极拳的初学者一般都采用这种呼吸方式,在练习太极拳的过程中,按照自己平时的呼吸习惯,将精神贯注于动作中,呼吸顺畅自然,不受动作的干涉和打扰。当吸则吸,当呼则呼,一切都通畅自然。在练拳的初级阶段,强调的是"重形不重意""练形不练气",因此不需要刻意地强调呼吸配合动作,这样容易憋气,对健康和学习动作都很不利。

(3)拳势呼吸

拳势呼吸是呼吸与动作紧密配合的呼吸运动,它是习拳到达一定程度自然形成的一种呼吸方法。拳势呼吸已经能够完全实现"意到气到,气到劲随"的境界。呼吸时要用鼻吸气或口鼻同时吸气,不能只用口吸气。这时基本上采用"气沉丹田"的腹式呼吸,呼吸要深、长、均、细、缓,呼与吸交替时要有一种似停非停的短暂过渡。虽然这个阶段是以拳势呼吸为主,但是也要辅助相应的自然呼吸,只有这样才能保证呼吸与动作结合得自然妥善。

需要注意的是,太极拳不是按呼吸规律编排的,呼吸与套路结构不可能处处配合。因此,练拳时绝不能因动作而限制呼吸。尤其是慢性病患者或体质较弱的人,练习太极拳更应根据自己的情况,保持呼吸的自然顺遂,不能生硬勉强,以免伤身体。

第五章 太极拳对健康的作用

一、太极拳对心理健康的作用

太极拳是中国古人遵循宇宙生成及演化规律而创造的一个武术拳种，是中华导引术与武术结合的产物。太极拳在中华传统哲学、医学和养生学等思想的指导下，形成了身心一统、形神共养的文化特质，依循于形、气、神三位一体的整体观。基于中国传统文化整体观的指导思想，太极拳形成了轻柔缓和的圆动作，强调用意的调神特质和关注炼气的内养特点，是一项追求"内外如一"，注重"心意与形体动作协调一致"的炼形、用意和调息的传统体育运动形式。追求个体身心的和谐是太极拳最根本的特征。基于太极拳的形成及其特征，太极拳对促进人体的身心健康起到积极的作用。

1. 太极拳对认知方面的影响

认知是人类心理活动的一种，是指个体认识和理解事物的心理过程。包括简单的对自己与环境的确定、感知、注意、学习和记忆、思维和语言等。认知功能由多个认知域组成，包括记忆、计算、时空间定向、结构能力、执行能力、语言理解和表达及应用等方面。太极拳运动中包含较多的注意力集中训练、转体训练、手眼协调训练等，因此要求习练者必须全神贯注地体会动作，有利于提高人体的注意功能、执行功能、记忆功能等多种认知功能。Nguyen M H（2012年）对102名60～79岁太极组和对照组人员的纵向研究显示，太极拳练习对提高认知功能有良好效果。惠娟（2015）对大学生的研究表明长期坚持太极拳运动对于改善前额区的情绪认知功能有明显作用。

注意认知的本质是意识的集中，是对某些同时存在的现象进行特别的聚焦，以便即使离开特定的事物仍然能够有效地处理其他事物，对其他认知功能的正常完成起着重要作用。太极拳练习可以有效地改善注意、认知功能。Man D W（2010年）横向对42名太极拳练习者、49名其他形式练习者以及44名无规律运动者的研究表明：太极拳练习者相比于其他运动者具有较好的注意和记忆功能。太极拳是形气神三位一体的运动，在练习的过程中，以"意"为主导支配躯体运动，从而将内在的意识贯注于肢体动作或呼吸之中，从而增强注意力和专注度。

执行功能是大脑最高级的认知活动，是有效地启动并完成自己决定的、有目的的活动的能力。执行功能是种复杂的过程，含有计划、启动、有效地进行有目的的活动以及自我调整等内容，涉及计划、启动、顺序、运行、反馈、决策和判断等。太极拳练习可以有效地提高大脑的执行功能。Lam L C（2009年）以782名中国人为受试对象（包括太极锻炼组、拉伸锻炼组、有氧锻炼组和无锻炼经历者）的研究显示：5年练习年限以上的有氧锻炼组和太极锻炼组执行认知功能测试得分显著高于其他两组。Peter M等人（2014）总结和评价了太极拳对老年人认知功能影响的研究，结果表明太极拳有提高老年人认知功能的潜力，特别是在执行功能方面，在个人无重大认知障碍的人群中效果更好。太极拳在习练的过程中，需要在肢体活动的控制、呼吸的调控以及心理活动的控制方面进行三调合一的操作，这些操作可以促进习

练者有效地启动并完成自己决定的、有目的的活动。

太极拳对认知功能的提高与大脑结构改变有关。研究发现，太极拳的运动强度（运动强度在40%～59%最大摄氧量强度，其呼吸当量在4.0METS左右），有利于提高大脑的认知功能，其原因还可能与大脑的结构性和功能性改变有关，如脑源性神经营养因子的增加、大脑中央前回、岛沟和额中沟等部分发生结构性和功能性改变。练习者在太极拳锻炼时必须学习和记忆新动作，并将新动作和音乐进行有效正确的整合，这些新异刺激同样会对大脑的结构和功能改变有一定作用。

2. 太极拳对心境方面的影响

心境是人在相当长的时间之内持续存在的某种情绪状态。它持续而微弱、稳定而弥散，使整个人都处于这种情绪状态中。太极拳运动对于练习者的心理和身体都有一定的益处，可以调节人的情绪状态，减轻抑郁、焦虑、紧张等不良的心理状态，使人保持积极、乐观、向上的心理，使人保持良好的心境状态。

对于不同年龄段的人，太极拳运动都可以减轻焦虑、紧张和抑郁等心境状态。包雪鸣、牛玉芝（2018）研究太极拳练习干预对初中生心理健康品质提升的作用发现：太极拳练习对初中生的"偏执""敌对""人际敏感""学习压力""适应不良""情绪不稳定"有显著的改善作用。段卉、韩尚洁和高明（2013）采用太极拳的干预方式对120名在校大学生（男性、女性各60名）进行为期3个月的追踪实验研究，结果发现太极拳锻炼可有效改善大学生的情绪问题，尤其是对大学生焦虑、紧张等不良情绪

方面的改善具有显著性效应，其中对男性情绪影响干预效应要优于女性。姬瑞敏（2018）研究24式简化太极拳运动对中年女子练习者脑波以及情绪变化的影响发现：24式简化太极拳运动可以使中年女子练习者的身心处于一种放松状态，练习后能够使情绪状态得以改善。苏丹宁（2017）研究表明：长期参加太极拳锻炼能够有效改善中老年的紧张、愤怒、抑郁等负面情绪，能够促使其更多使用积极的情绪调节策略，并提高中老年人的抗情绪干扰能力，因此说明太极拳锻炼对中老年人形成良好心境状态具有促进作用。

Skrinar L B（2000）研究认为"有氧运动提高了体内意识和体能，从而增加或改善了运动者对他们身体的满意程度。这对积极心态的形成极为有益"。研究发现太极拳的运动强度在40%～59%最大摄氧量强度，其呼吸当量在4.0METS左右，属于有氧运动。长期练习太极拳的个体，其大脑机能可保持较为良好的觉醒状态——"太极态"。该状态下，脑电波中波频率有序化、同步化，频谱能量增大，占明显主导地位，使内啡肽物质和儿茶酚胺物质分泌增多，促进机体保持愉悦状态。此外，不良情绪主要由左侧大脑半球产生，右侧大脑半球则是积极情绪的产生区域。太极拳练习能逐渐抑制习练者的左侧大脑半球，兴奋其右侧大脑半球，并最终使右侧大脑半球取代左侧获得支配地位，从而减少个体的负面情绪体验，增加正面情绪体验，增进心理健康水平。

3. 太极拳可以提升睡眠质量

睡眠质量对个体身心健康和生活质量都能产生重要影响。睡眠质量差，严重者出现睡眠

障碍甚至失眠，会使个体容易出现不同程度的思维紊乱、精神紧张感、视听觉障碍与情绪障碍。多项研究表明，太极拳运动能改善不同人群的睡眠质量，是治疗失眠的适宜的运动处方。龙云芳、詹承烈在《杨氏太极拳锻炼对中老年人睡眠、情感状态的影响调查》中的研究表明：太极拳锻炼者在睡眠、情感状态方面明显好于对照组，这一结果无性别差异，且练拳时间越长，效果越加明显。

练习太极拳能使习练者产生一定程度的疲劳感，增加大脑兴奋抑制物质的分泌，从而缩短他们的入睡时间，促进深度睡眠。同时，太极拳运动能改善机体的神经－内分泌功能，促使羟色胺和内啡肽的分泌增加。前者能有益调节紊乱的情绪，后者则是良好的生理镇静剂之一，二者能有效减少梦中惊醒，有助于优质的睡眠。

4. 太极拳可以强化自我效能和自尊

自我效能是指个体对自身能否组织或执行某特定任务或行为以达到一定成就的自信程度，最早由美国著名心理学家班杜拉提出。个体的自我效能高则更能以积极的情绪状态面对困难，更有接受挑战的勇气。自尊的概念首次见于《心理学原理》。自尊作为一种健康良好的心理，指个体的自我尊重等。有研究报道表明，身体状况的改善、力量和耐力的增强对提高大学生自尊水平有积极的意义。太极拳通过生理状态、评价劝导、情感和成功经验等信息来影响个体的自我效能和自尊。太极拳练习在改善习练者的身体素质的同时，也可使习练者通过获得外界的认可和鼓励、榜样的表率作用和成功的经验等，提高自我效能和自尊。

太极拳作为一种身心锻炼的运动方式，在习练过程中需要到达身心合一的境界，对于人们的心理健康起到了积极的促进作用。

二、太极拳对机体健康的作用

《太极十三势歌》中"详推用意终何在，益寿延年不老春"就是答案。太极拳不同于一般的拳术运动，其动作轻灵松软，外柔内刚，全身协调一致，讲究利用调身、调心、调息使得意念与身体达到和谐的境界，起到修身养性的作用。练习太极拳可以促进身体新陈代谢，改善心脑血管供血，调气益肺，固肾壮骨，疏通

经络，调和阴阳，尤其对一些慢性病有较好的防治效果，是名副其实的养生拳。

1. 颐养精神，调节情绪

太极拳是在传统养生法"导引术"和"吐纳术"的基础上发展起来的独特健身运动，主张"以意导气，以气运身"。太极拳讲究意识、呼吸和动作的密切结合，是一项"练意、练气、练身"内外兼修的内功拳法。

练习太极拳，要求"心静"，注意力集中，并且讲究"用意"，这些都对大脑活动有良好的训练作用。"平衡"是中国太极拳的精髓。通过练习太极拳，不论体力劳动者还是脑力劳动者都能达到体内平衡。

由于年龄和生活压力等原因，不少人有神经衰弱症状。这主要是因为大脑过度兴奋，不能自我抑制，脑袋里浮想联翩，越想越兴奋，越想越睡不着。这就是神经系统紊乱带来的不平衡。练习太极拳能使紊乱的神经变得协调而平衡。因为太极拳要求"静"，全神贯注，排除杂念，只想着练拳，思想处于高度集中状态；此外，练习太极拳会增加疲劳感，使睡眠逐渐恢复正常，如果在睡前练拳，睡意会很快来临。经常练习太极拳的人都感觉练完太极拳后，周身舒适，精神焕发，而且反应灵敏。

练拳可以改善人的"情绪"，"情绪"改善了，各种生理功能也就都活跃起来了。尤其是对某些患有慢性病的人，"情绪"的改善更为重要，因为它不仅可以活跃各种生理功能，同时能够使病人去除杂念，脱离病态心理。

2. 健壮体格，疏通经络

练习太极拳要做到"放松""气道通畅"，要注意呼吸与动作开合相配合。肺主一身之气，

肺气调则周身气行，所以练拳不可闭气、使力，总以放松、沉气为主。由于在练拳过程中，习练的人需要注意力放松并调整呼吸，每次练拳下来，身体都会微微出汗，增强了体内的新陈代谢，从而可以起到祛病强身的健身功效。

运动生理学的研究表明，任何运动项目只有具有一定的强度，并且持续的时间比较长，才能增进人体健康，特别是对人体的循环系统产生较大的影响。常年坚持练习太极拳的人，普遍大腿强健；而大小腿肌肉群的高功能运动，使人体如同增加了许多小水泵，帮助心脏工作，既减轻了心脏负担，又有利于心血管系统的健康。由于太极拳的习练重视人体下盘功力训练，有利于气血下行，调整了人体上盛下衰的状态，可使人体格健壮，还可以防治高血压等病症。

中医学认为，人体是一个有机的整体，经络贯通上下，沟通内外，内属于脏腑，外络于肢节的太极拳独特的习练方式有利于通经活络。

首先，太极拳强调全身心的放松，可削弱、转移和克服内伤病的七情刺激，从而有利于经络流通。其次，太极拳全身性轻慢松柔的适当运动，会使周身暖意融融，可加大经络传导速度和强度，有助于经络畅通透达，使气血充盈灌注全身，维持和保护机体功能，提高抗御病邪和自我修复能力。再者，太极拳运动中，腰部的旋转、四肢的屈伸所构成的缠绕运动会对全身300多个穴位产生不同的牵拉、拧挤和压摩作用。这实际上是一种自我按摩，能起到类似针刺的作用，活跃经络、激发经气、疏通经脉。

3. 内外协调，滋养五脏

从养生的角度来说，无论是中医还是太极拳，或者是其他的养生方式，最终都会落实到

人体的脏腑功能之上。五脏的健康和脏腑之间的平衡协调是维持人体内外环境相对恒定的关键所在。太极拳主要利用动作导引、调息吐纳、神意锻炼等方式，来实现脏腑功能的正常以及内外关系的协调，从而达到养生保健的目的。

练太极拳可以养心，心是人体的君王，它主管血脉、神志。如果心血运行不畅，心血亏虚就会影响到心脏的功能。太极拳讲究以意导体，以体导气，气随意走，进而推动血液运行。另一方面，太极拳强调恬淡虚无，静心养气，这也有利于心血的濡养，保持心神的安宁。

练太极拳可以养肺，肺是人体的宰相，它主管呼吸、交通百脉，有宣发肃降的功能，如果肺部有病的话就会引起咳嗽、多痰、呼吸不畅的症状。太极拳"深、长、细、匀"的自然呼吸实现了"气沉丹田"，这样就可以锻炼呼吸肌，保持肺组织的弹性，增强肺活量，从而达到养肺、保肺的功效。

练太极拳可以养肾，肾是人体非常重要的器官。中医讲，肾藏精，主水，主纳气。如果肾功能失调，就会影响到人体的生长、发育和生殖功能。如果肾主水的功能失常则会出现全身水液代谢障碍。太极拳的动作以腰为主宰，通过动作对肾进行"自我按摩"，调节肾的"先天之精"，通过呼吸吐纳的修炼，补充肾的"后天之精"。

练太极拳可以调养脾、胃、肝，脾是人体的纳谏之官，胃是人体的仓储之官，肝则是人体的将军之官。脾胃主管人体的消化吸收以及营养的运输等；肝主要有调节精神情志，促进消化吸收，维持气血、津液的运行等功能。太极拳通过中正安舒、起落展转的运动和开合鼓

荡的内气配合，实现对内脏的"自我按摩"，达到调节脾、胃、肝的目的。

4. 太极拳对常见病的疗养

（1）心脏病的太极拳治疗

根据自己身体的实际情况习练简化24式太极拳，体质比较好的可以习练全套动作1～2遍，体质比效弱的可以量力而行，注意不要过度劳累。

❶ 单练第2式：左右野马分鬃，反复练习10分钟（根据个人体质，量力而行）。

【防病原理】这套组合动作可以集中思想，调整呼吸，活动筋骨血脉，促进全身的气血循环，同时可以增强心脏的功能，反复练习对治疗心脏病有一定的疗效。

❷ 单练第7式：左揽雀尾，反复练习10分钟（根据个人体质，量力而行）。

【防病原理】左揽雀尾的组合动作，是运用双手动作导引人体元气上行头部，下达四肢，对心肺两脏的气血循环有很好的调节作用，对心脏病有一定的防治作用。

❸ 单练第18式：左右穿梭，反复练习10分钟（根据个人体质，量力而行）。

【防病原理】这套动作组合可以促进、增强心脏功能，对心脏病有一定的防治作用。

（2）高血压的太极拳治疗

习练简化24式太极拳全套动作1～2遍。

❶ 单练第1式：起势，反复练习10分钟。

【防病原理】起势的动作要求颈项自然松紧、两肩松沉、脊柱自然正直，这样有利于鼓荡任、督二脉之气。可以调整全身的经络与脏腑，使全身气血畅通，使人体处于精力充沛的状态。练此式可以适度缓解高血压的症状。

❷ 单练第 3 式：白鹤亮翅。反复练习 10 分钟。

【防病原理】白鹤亮翅的组合动作可以促进全身的气血循环，对胸部的脏腑器官进行主动的按摩和调理，行气通络，对高血压有一定的防治作用。

（3）肩周炎的太极拳治疗

习练简化 24 式太极拳整套动作 1～2 遍。

单练第 10 式：云手，反复练习 10 分钟。

【防病原理】这套组合动作从步法到手法，从上半身到下半身的动作都十分连贯。通过这种贯通性的动作，关节作为人体运动支点的作用得到充分的发挥。练此式对防治肩周炎有很好的功效。

（4）感冒的太极拳治疗

习练简化 24 式太极拳整套动作 1～2 遍。

❶ 单练第 1 式：起势，反复练习 10 分钟。

【防病原理】这套组合动作比较舒缓，身心松静，可以疏通经络、醒气提神，而且对氧气的消耗极小，可以很好地缓解人体的疲劳，增强人体的抵抗力，对防治感冒有很好的作用。

❷ 单练第 5 式：手挥琵琶，反复练习 10 分钟。

【防病原理】这套组合动作，具有调理经络、益肺平喘的效果，通过柔和舒缓的起落运动，能刺激和调理手太阴肺经和人体的督脉，对由体虚引起的感冒有很好的防治作用。

（5）糖尿病的太极拳治疗

习练简化 24 式太极拳整套动作 1～2 遍。

❶ 单练第 19 式：海底针，反复练习 10 分钟。

【防病原理】这套组合动作，可以平衡阴阳，导气行意，疏通经络，平衡人体的代谢功能，对防治糖尿病有一定的疗效。

❷ 单练第 20 式：闪通臂，反复练习 10 分钟。

【防病原理】闪通臂是一组从上往下的导引动作，练这一式对人体的内分泌系统起到很好的平衡以及调节作用，对糖尿病有一定的缓解作用。

（6）风湿性关节炎的太极拳治疗

习练简化 24 式太极拳整套动作 1～2 遍。

单练第 13 式右蹬脚和第 15 式转身左蹬脚，反复练习 10 分钟。

【防病原理】这两套组合动作通过蹬脚等动作，可以伸筋拔骨、松解粘连、滑利关节、消除水肿，增强人体的血液供给，对防治风湿性关节炎有一定的功效。

第·六·章·

太极拳的起源与发展

太极拳和各流派的关系如下：

太极拳有陈氏、杨氏、孙氏、吴氏、武氏以及武当、赵堡等多种流派。河北永年人杨露禅从学于陈家沟陈长兴，并与其子杨健侯、其孙杨澄甫等人在陈氏太极拳的基础上，创编发展了"杨氏太极拳"。

杨露禅在清宫王府教拳时，满族人全佑受益最佳，长于柔化，后全佑传其子吴鉴泉而创吴式太极拳。其特点是拳架柔化，推手守静而不忘动，架式大小适中，柔和紧凑。吴鉴泉曾在上海开办拳社，培养学生，如今吴氏太极拳流行于我国南方及东南亚诸国。

清末河北永年人武禹襄在杨露禅从陈家沟返乡后，深爱其术，从学杨于陈氏老架太极拳，后又从陈清平学赵堡架，经过修改，创造了"武氏太极拳"。

河北完县人（今河北保定顺平县）孙禄堂，从师李魁垣学形意拳，继而学于李魁垣的师傅郭云深，又从师于程廷华学八卦掌。后又从师郝为真学太极拳，之后参合八卦、形意、太极三家拳术的精义，融合一体而创"孙氏太极拳"，所谓"太极腰、八卦步、形意劲"即此。

随着历史的发展，武术逐渐从战场搏杀转为体育健身，太极拳正是如此。100多年前，太极拳家在《十三势行功歌》中就有"详推用意终何在，益寿延年不老春"的提法。太极拳经过长期流传，演变出许多流派，其中流传较广或特点较显著的有以下7个流派。

1. 陈氏太极拳

其又分老架和新架两种，老架是清初陈王廷所编，原有5个套路，又名十三势，另有长拳一百单八势1套，炮捶1套。从陈王廷起，经过300多年的传习，积累了不少经验，对原有拳套不断加工提炼，终于形成了近代所流传的陈氏太极拳第1路和第2路拳套。这两套拳动作都是经过精心编排的，其速度和强度不同，身法、运动量和难度也不尽相同。陈氏第1路拳套现有83式，主要特点如下：①缠丝劲明显，要求处处留心源动腰脊，用意贯劲于四梢（即两手和两足尖），动作呈弧形螺旋，缠绕圆转并要做到"一动内外俱动"；②刚柔相济，柔中寓刚，亦即能打出一种似刚非刚，似柔非柔、沉重而又灵活的内劲；③动作要和呼吸运气相结合，不仅做到"气沉丹田"，而且在练动作的同时进行"丹田内转"，有时也可在呼气时发声（如呵、哂、嘘、吹），以加大劲力；④快慢相间，亦即在动作转换处要快，一般行拳时要慢；⑤拳路架子可分高中低3种，体弱有病者可以练高架子，青壮年体健者则可练低架子。陈氏第2路拳套原名炮捶，现有71式，主要特点如下：①震脚发劲的动作更多；②动作比第1路快、刚、爆发力强；③"窜蹦跳跃，闪展腾

挪"的动作较多，气势雄壮。第2路只适于青壮年练，流传不广。陈氏新架套路是陈有本（陈家沟拳师）编创的，顺序与老架同，架式较老架小，转圈也较老架小，去掉了原有的某些较难的动作，陈家沟村人称之为"小圈拳"，把老架称为"大圈拳"。这种拳后来又传至陈鑫，他著有《陈氏太极拳图说》，阐发陈氏历代积累的练拳经验。陈氏太极拳是古老的拳种，其他多数流派的太极拳（如杨氏、吴氏、武氏、孙氏）跟陈氏太极拳有一定的渊源关系。

陈氏太极拳的另外一个分支是：中国温县南冷架太极拳。

学太极，到温县，尽人皆知。温县太极拳系"陈家沟，南冷架及赵堡架"三个支脉。其中"南冷架"以其所蕴含的中国太极传统哲学文化的深奥，古风浓郁，架式的纯正内家拳。南冷架一直为嫡传功夫，在第四代嫡传南冷太

极功夫大师，秦毅风的改良修正了古传太极的繁杂，使南冷太极更加突出实战的作用。南冷太极，发劲呼呼生风，招招有法，式式严谨，气血贯通，刚柔并济，堪称太极拳家族中最具古法韵味，遥接高风者，高屋建瓴。

"南冷架"严格按照古法走经络，行气血，调五脏，促代谢，鼓荡真气，强筋壮骨。对敌实战搏击，则攻防兼并，长于"四两拨千斤"，周身劲气，劲若缠丝，绵绵不绝，认真习练2～3年，功力渐深，犹如"临深渊履薄冰而气定神闲，激水中流而心有大荒"之神妙体会。

2. 杨氏太极拳

河北永年人杨露禅（1800—1873），酷爱武术，向陈家沟陈长兴学习太极拳，学成返乡里传习太极拳，因他能避开并制服强硬之力，当时人称他的拳为"沾绵拳""软拳""化拳"。杨露禅去北京教拳，清朝的王公贵族多向他学习。他武技高超，当时人称"杨无敌"。清同治、光绪两代帝师翁同龢在观看杨露禅与人比武后，对大臣们说："杨进退神速，虚实莫测，身似猿猴，手如运球，犹太极之浑圆一体也。"为杨露

杨氏太极拳创始人 杨露禅

禅亲题的对联："手捧太极震寰宇，胸怀绝技压群英"。后来，杨露禅根据实践，不断发展已有拳架，又经其孙杨澄甫一再修订，遂定型为杨氏大架太极拳，由于练法平正简易，故成为现代最为流行的杨氏太极拳。

杨氏祖孙3代，在北京负有盛名。杨露禅有三子，长子凤侯早亡，但留下一支，在河北邢台地区有传，次子杨班侯和三子杨健侯，各有所长。杨班侯脾气火暴，偏重太极拳的技击作用，实战中下手较狠，"出手见红"，在京都留下"拳打雄县刘""擂打万斤力"等佳话，承父"杨无敌"之称号，在北京名噪一时，有"杨露禅闯天下、杨班侯打天下"之说，为太极拳在高手如云的北京树立了威名，并继而推动了太极拳在全国的快速普及和传播。但因出手打死洋人，无法再在北京而返回乡里，所以传播范围不广，实为憾事，目前闻者有永年广府有班侯架、河北齐德居的八十一式大功架传承。杨健侯性格温和，更重太极拳的健身作用，且授徒众多，所传为中架，当今流传的太极拳大多数为杨健侯一支。1928年后，杨健侯之三子杨澄甫到南京、上海、杭州、广州、汉口等地授徒，其拳式遂流传于全国各大城市。

杨氏大架子的特点是舒展简洁，动作和顺、轻灵，刚柔内含，轻沉自然，如行云流水，连绵不绝，锻炼步骤由松入柔，积柔成刚，刚柔相济，能自然地表现出气派大，形象美的独特风格。其架式有高、中、低之分。可以按照学拳者不同年龄、性别、体力条件和不同的要求适当调整运动量。因此，它既适用于疗病保健，益寿延年，又适用于体力较好者用来增强体质，提高技术，适应性广。因此，杨氏太极拳是流传较为广泛的太极拳。1956年在杨氏太极拳的

基础上，国家体委组织创编了 24 式简化太极拳。1957 年根据杨氏太极拳整理成《太极拳运动》（88 式），1963 年又出版了《杨氏太极拳》一书。杨氏小架太极拳和二路炮捶仅在少数传人中练习，主要强调技击作用。经过多年发展，杨氏太极拳功法体系完整，理论著作浩如烟海，汗牛充栋。

3. 吴氏太极拳

满族人全佑，清末河北大兴人，初从杨露禅学太极拳大架子，后来拜杨露禅次子为师学小架子，以善于柔化著名。其子始从汉族改姓吴，名鉴泉。吴鉴泉继承和传授的拳式连绵不断，不纵不跳，适应性较广泛。由于吴氏对拳式有所修改，后人就称之为吴氏小架子。成为现代流传较广的吴氏太极拳。

吴鉴泉在北京、上海传拳较久，他打拳式正招圆，舒松自然，虽架式小巧，但有大架功底，由开展而紧凑，在紧凑中自具舒展，推手时端正严密，细腻熨帖。1958 年曾出版《吴氏

吴鉴泉

太极拳》一书。

4. 武氏太极拳

清末河北永年人武禹襄，初从杨露禅学太极拳，后又学新架太极拳，并在舞阳县得《太极拳谱》，于是以练拳心得归纳锻炼要领为《身法十要》。武氏太极拳特点为身法谨严，姿势紧凑，动作舒缓，步法严格，虚实分明，胸部、腹部的进退旋转始终保持中正，用动作的虚实转换和"内气潜转"来支配外形，左右手各管半个身体，出手不过足尖。

武氏太极拳于民国初年传入北京，后又传入南京、上海。1963 年曾出版《武氏太极拳》一书。武氏太极拳葛顺成传人的说法如下：武禹襄家族在永年是望族，其家是翰墨家庭，但武禹襄本人嗜武如命，终身不仕。陈家沟陈氏族人在永年县的生意，租用的是武禹襄家的房产。武禹襄见陈氏族人练习一种高明的拳术，非常喜爱，但因自己身份、地位问题无法去拜师学艺，于是委托同乡好友杨露禅（已有相当高的武功基础）赴陈家沟，拜陈长兴为师学艺，回来后教给自己，自己则出资供养杨露禅全家。杨露禅先后三赴陈家沟学艺，每次回来都对武禹襄倾囊以授。最终武禹襄还不满足于杨露禅所学，亲赴陈家沟请教。陈长兴当时已年迈，介绍他去陈青萍处学拳。后果有大成。而从李亦畬的著作，武禹襄是因公到赵堡，一月即回。可见武还是主要从杨处习得太极拳。武禹襄的主要传人早期有杨班侯（杨露禅之子，跟武禹襄本是学文，后武艺大成，远超其文化水平），还有自己的两个外甥，人称李大先生、李二先生。李大先生、李二先生传郝为真、葛顺成等人。郝为真武艺最高，他的拳架经其后人修改后被国家定为武氏太极拳标准拳架。

5. 孙氏太极拳

清末河北完县人孙禄堂，酷爱武术，先学形意拳，后学八卦掌，勤学苦练，功夫深厚，民国初年始跟郝为真学武氏太极拳，参合各家之长，融会贯通，遂创孙氏太极拳，并著有《太极拳学》。

孙氏太极拳的特点是进退相随，舒展圆活，动作灵敏，转变方向时多以开合相接，故又称"开合活步太极拳"。1957年曾出版《孙氏太极拳》一书。

6. 武当太极拳

虽然目前有人认为太极拳与武当张三丰无关，不过确实存在武当太极拳。武当太极拳讲究"拳打卧牛之地"，基本上两米方圆足以施展，其中除螺旋缠丝外，另有九宫、八卦的内容。武当太极拳的要诀就是：拳随心境，舒展绵长，恢宏大气，容万物于心。太极拳的练习过程分三个阶段：首先练形、然后练气、最后练神。其内含功法主要有：吐纳导引功、外气采补功、混元站桩功。其动作以掤、捋、挤、按、采、挒、肘、靠为主，在应用中随、连、粘、贴，连绵不断、行云流水。演练太极拳要求虚领顶劲、含胸拔背、沉肩坠肘，动作舒展，做到神形俱妙。武当太极拳动静结合、内外相含，是内外双修的至宝，是人体性命的源泉。

7. 赵堡太极拳

赵堡太极拳形成于河南温县赵堡镇，它的起源有两种说法。一种说法相传是由武当太极拳创始人张三丰所创，由武当太极拳外传，祖师王宗岳传蒋发，蒋发又传邢喜怀，传张楚臣，传陈敬伯，传张宗禹，传张彦，传陈清萍，传张敬芝，传陈英明，传王庆升，等历代传人经数百年的辨理、习技传下来的赵堡太极拳。另一种说法是陈氏太极拳新架的一种套路，是由陈有本的弟子陈青萍创编的，特点是小巧紧凑，动作缓慢，练会后逐渐加圈，以致极为复杂。因为是在河南温县赵堡镇首先传开的，故人们称为"赵堡架"。

上述7种太极拳除拳套外，又各有推手和器械套路练法，如太极剑、太极刀等。

参考文献

[1] 门惠丰. 中华"武德""修养"[C]. 大学教授谈太极拳，2003:38-44.

[2] 张旭光. 谈太极拳教学的"整体育人"[C]. 大学教授谈太极拳，2003:98-104.

[3] 李焰生. 中国防治认知功能障碍专家共识[J]. 中华老年医学杂志，2006(07):485-487.

[4] 惠娟，张晓斐，疏德明，等. 二十四式简化太极拳锻炼对大学生情绪认知影响的ERP研究[C]. 2015第十届全国体育科学大会论文摘要汇编（三），2015:657-658.

[5] 余靖梓. 陈式与杨式太极拳练习者积极心理品质差异的研究[D]. 北京：北京体育大学，2019.

[6] 孙威. 太极拳运动对老年女性双任务模式楼梯行走姿势控制能力的影响[D]. 上海：上海体育学院，2019.

[7] 张立新. 体育运动对人心境影响的探讨[J]. 山西师大体育学院学报，1999(01):15-17.

[8] 包雪鸣，牛玉芝. 太极拳对初中生心理健康品质的影响[J]. 上海教育科研，2018(02):82-85,91.

[9] 韩尚洁，高明，段卉. 运动对儿童青少年肥胖与超重干预的国外研究进展——基于Web of ScienceTM(2001—2020年)[J]. 青少年体育，2022(04):137-140.

[10] 姬瑞敏. 24式太极拳运动对中年女子练习者的脑电波以及情绪变化的影响[J]. 成都体育学院学报，2018, 44(06):121-126.

[11] 赵永升. 体育热身活动对注意力影响的实验研究[D]. 成都：成都体育学院，2018.

[12] 杨冬钧，周永平. 健康街舞课程对大学生心理健康水平影响的研究[J]. 浙江体育科学，2009, 31(01):74-77.

[13] 饶婷. 24式简化太极拳练习对大学生心理健康影响的随机对照研究[D]. 福州：福建中医药大学，2014.

[14] 龙云芳，詹承烈，唐承智. 杨氏太极拳锻炼对中老年人睡眠、情感状态的影响调查[J]. 职业卫生与病伤，2000(04):211-212.

[15] 陈芳. 太极拳教学对高中学生心理健康影响的实验研究[D]. 哈尔滨：哈尔滨师范大学，2020.

[16] 中华人民共和国体育运动委员会运动司. 太极拳运动[M]. 北京：人民体育出版社，1983年.